Erinnerungen und Geschichte eines Hitlerjungen

Auseinandersetzung mit dem Nationalsozialismus unter Betrachtung meines Lebenslaufes 1927 bis 1945

von

Gerhard Kraemer

Erinnerungen und Geschichte eines Hitlerjungen

Auseinandersetzung mit dem Nationalsozialismus unter Betrachtung meines Lebenslaufes

1927 bis 1945

von

Gerhard Kraemer

Bibliografische Information der Deutschen Nationalbibliothek:
Die Deutsche Nationalbibliothek verzeichnet diese Publikation in der Deutschen Nationalbibliografie; detaillierte bibliografische Daten sind im Internet über http://portal.dnb.de abrufbar.

ISBN 978-3-98527-163-4

www.rediroma-verlag.de
17,95 Euro (D)

Inhalt

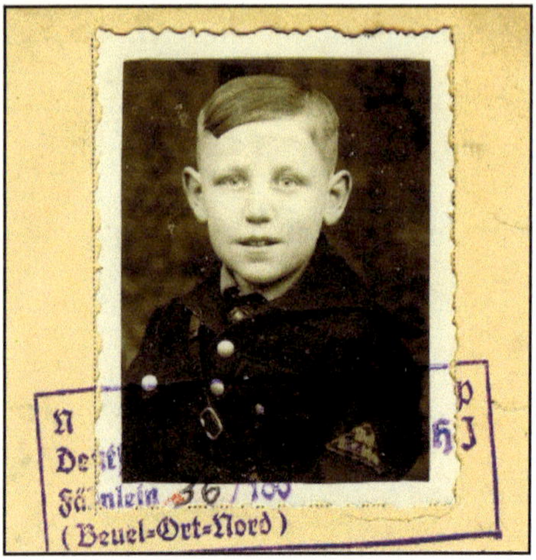

20. April 1937

2018

Vorwort

Als mich auf einem Segeltörn im Jahr 1999 jüngere Freunde fragten, wie es zur nationalsozialistischen Herrschaft kommen konnte und was ich gewusst habe, konnte ich – der ich bei Kriegsende am 8. Mai 1945 erst 17 Jahre alt war – keine konkreten Antworten geben. Die Gespräche drehten sich immer um die gleichen Fragen und Probleme: Wie war es möglich? Wie konnte es „dazu" kommen? Was wusste „man" „davon"? Stets blieb bei diesen Diskussionen unklar, was man unter „es", „dazu" und „davon" zu verstehen hatte.

Was ich bisher verdrängt hatte, trat jetzt zutage. Ich wollte auch für mich selbst verstehen, was damals geschehen war. Nach Studium der einschlägigen Literatur brachte ich das Gelesene mit dem eigenen Erleben und der eigenen Erfahrung in Verbindung, und daraus entstand ein Verständniswerk, das ich „Thesenpapier über das Dritte Reich" nannte.

Als das Thesenpapier vorlag, fragte man mich, welche persönlichen Erlebnisse und Erfahrungen ich selbst als Zeitzeuge in der nationalsozialistischen Zeit mitgemacht hatte. Über die Bezeichnung „Zeitzeuge" für meine Person war ich zunächst sehr überrascht. Wirkliche Zeitzeugen des „Dritten Reichs" sind nach meiner Ansicht damals ältere Menschen, als ich es war. Ich bin jedoch nach eingehender Beschäftigung mit dem NS-Thema zu der Ansicht gelangt, dass ich als Angehöriger der sogenannten Luftwaffenhelfer-Generation die Verpflichtung habe, über die damalige Zeit – ohne ein wesentliches Schuldbewusstsein zu haben – ehrlich und wahrheitsgemäß zu berichten. Und so durchwanderte ich mein Leben von damals, entdeckte dabei viel Vergessenes und suchte schließlich das Gelesene und das selbst Erlebte und Erinnerte miteinander in Verbindung zu bringen.

Die Grenzgeneration – also die jüngeren Teilnehmer der NS-Geschichte, die nicht mehr kleines Kind, aber auch noch nicht erwachsen waren – trägt ein Problem mit sich herum: Was wäre aus ihr geworden, wenn das „Dritte Reich" und die NS-Herrschaft länger bestanden hätten? Wie viele wären das geworden, was man heute als Mitläufer, Schergen oder Täter bezeichnet? Die Bandbreite wäre groß. Der Ausspruch Helmut Kohls von der „Gnade der späten Geburt" trifft genau dieses Problem.

Es fällt schwer, sich an das Leben in der NS-Zeit zu erinnern, darüber zu schreiben und die Gedanken zu formulieren. Ich kann verstehen, dass es denen, die noch älter sind oder waren als ich, die also zur Zeit des Nationalsozialismus Erwachsene waren, noch schwerer fällt oder gefallen sein muss als mir, der ich diese Zeit als Kind und Jugendlicher durchlebt habe. Hätte jeder damalige Zeitgenosse seine Biografie lückenlos niedergeschrieben, wäre das für das Verstehen und Beurteilen der NS-Zeit eine Erleichterung.

Mit dieser Ausarbeitung, die vordergründig Biografie und Familiengeschichte ist, möchte ich aber auch einen Beitrag zur Erklärung der deutschen Geschichte zur Zeit des Nationalsozialismus leisten. Im Jahr 2009 habe ich damit begonnen. Die Geschichte entwickelte sich mit der Zeit, und immer stärker traten die Jahre 1933 bis 1945 als *meine* Jahre vor meine Augen. Und so wurde aus dieser Geschichte das, was nun vorliegt: eine Biografie in dieser Zeit, die die Kühnheit besitzt, sich in die allgemeine Geschichte der Historiker als Quelle einzuordnen.

Die Arbeit stützt sich auf meine persönlichen Unterlagen, auf einschlägige Literatur und auf das, was mir im Gedächtnis geblieben ist.

Ich bin kein Fachhistoriker, deshalb bin ich froh, dass ich Dr. Klaus Gebauer für mein Anliegen interessieren konnte. Er ist Geschichtslehrer und war 26 Jahre lang in Nordrhein-Westfalen als Geschichtsdidaktiker für die Lehrpläne im Fach Geschichte zuständig. Er ließ nie locker, zu betonen, dass mein Buch auch ein Buch für meine und seine, für unsere Enkelkinder werden müsse. Vor allem sorgte er in zahllosen Arbeitsgesprächen dafür, dass die Verbindung von Biografie und allgemeiner Geschichte, von der ich oben spreche, zu meiner Zufriedenheit gelang. Er „verantwortet" auch, dass ich so viele Fotos und persönliche Dokumente in den Text eingearbeitet habe. Viele biografische Details und Aspekte, vor allem auch heimatgeschichtliche, entstanden erst während der nunmehr dreijährigen engen Zusammenarbeit. Herzlichen Dank für diese Unterstützung!

Danken möchte ich auch meiner früheren Kollegin, Frau Marion Bauer, für ihre stete Bereitschaft, meine etlichen Neufassungen abzuschreiben und auszudrucken.

Ferner danke ich meiner Familie für die jahrelange Geduld, die sie aufbrachte, mein Schwanken zwischen Zufriedenheit und Unzufriedenheit nicht nur zu ertragen, sondern mir stets mit Zurede Mut zu machen, das Werk zu vollenden.

I. Meine Eltern

Mein Vater Hermann Kraemer wurde am 02. November 1885 in Holzlar (damals Siegkreis – heute ein Stadtteil von Bonn) als siebtes von acht Kindern geboren. Sein Vater Johann Gerhard Kraemer übte den Beruf eines Ackerers aus – so bezeichnete man damals einen Kleinbauern – und starb 1908 mit 67 Jahren. Dessen Ehefrau Adamine Pinhammer war bereits 1888 mit 36 Jahren gestorben. Mobiles und immobiles Vermögen sind auf meinen Vater nicht übergegangen. Der Grundbesitz blieb bei dem jüngsten Bruder Wilhelm bzw. der unverheiratet gebliebenen Schwester Gertrud.

Mein Vater, Hermann Kraemer

Der berufliche Werdegang meines Vaters sah folgendermaßen aus:

- Vom 02. April 1902 (16 Jahre alt) bis 01. April 1905 Lehre beim Schlossermeister Josef Wichelhoven in Königswinter.
- Vom 02. April 1905 bis 22. Mai 1905 Schlossergeselle im selben Betrieb.
- Vom 23. Mai 1905 bis 30. September 1905 Schlossergeselle bei der Fa. Theodor Stauf in Königswinter.
- Vom 17. Oktober 1905 bis 09. Juli 1906 Schlossergeselle bei der Fa. Peter Euskirchen in Bonn.
- Vom 18. Juli 1906 bis 28. März 1907 Schlosser bei der Sieg-Rheinischen Hütten-AG in Friedrich-Wilhelms-Hütte.
- Vom 01. Juli 1907 bis 05. Oktober 1907 Schlosser bei der Fa. Hüser und Cie. in Oberkassel/Bonn.
- Vom 10. Oktober 1907 (22 Jahre alt) bis 23. September 1909 Militärzeit als Musketier beim 2. Oberrheinischen Infanterieregiment Nr. 99 in Pfalzburg. Während des letzten Jahres der Dienstzeit war er als 1. Büchsenmachergeselle tätig.
- Vom 12. Oktober 1909 bis 07. Dezember 1911 Schlosser in den Artillerie-Werkstätten der Fa. Friedrich-Krupp-Gußstahlfabrik in Essen.
- Vom 19. Mai bis 28. Juni 1912 hat mein Vater die Chauffeursschule der Automobil-Betriebs-Gesellschaft in Köln besucht. Am 28. Juni 1912 wurde ihm der Führerschein Klasse 3b ausgehändigt. Im Jahr 1915 bzw. 1917 besaß er auch die Führerscheine der Klasse 2 (Lkw) und 1 (Motorrad).

- Vom 01. Juli 1912 bis 15. Februar 1913 war mein Vater als Chauffeur und Monteur bei der Fa. Werntgens Flugunternehmen in Bonn beschäftigt.
- Vom 10. März bis 12. April 1913 arbeitete er als Automobil-Monteur bei der Fa. Voigt in Bonn.
- Vom 30. August 1914 bis 16. Dezember 1918 (Ersten Weltkrieg) war er Soldat bei dem Zwischen-Depot der Kraftfahrzeugtruppe und wurde am 27. Januar 1918 beim Armee-Kraftwagen-Park zum Gefreiten befördert.
- Nach dem Ersten Weltkrieg arbeitete mein Vater vom 1. November 1921 an als Kraftwagenführer bei der Fa. Rheinwerk, Inh. Meisenburg und Sass, in Düsseldorf-Heerdt, Wiesenstraße 32.
- Am 3. Dezember 1932 wurde er wegen Arbeitsmangel entlassen.
- Vom 19. Dezember 1932 bis zu seinem Todestag am 11. September 1933 hat er Arbeitslosenunterstützung erhalten.

Zu den wenigen noch vorhandenen Unterlagen gehören die Zeugnisse dieser Betriebe. Sie sind alle sehr positiv. Kann man die häufigen Arbeitsplatzwechsel mit der früheren Wanderschaft der Handwerksburschen (Walze) vergleichen? Als Beruf meines Vaters habe ich immer angegeben: Feinmechaniker. So wurde es mir übermittelt.

Meine Mutter, Erna Kaminsky, verh. Kraemer

Meine Mutter, Erna Kaminsky, wurde am 09. August 1896 in Zellerfeld/Harz geboren. Ihr Vater Heinrich Kaminsky wurde 1843 in Marienburg/Westpreußen – heute Polen – geboren. Er war Malermeister und unterhielt in Zellerfeld eine Werkstatt. Von ihm sind noch einige selbstgemalte Bilder vorhanden. Er starb im Jahre 1903. Seine Ehefrau Friederike Steckel stammte aus Minden/Westfalen. Ihr Vater war Kupferschmied. Sie starb 1920 im Alter von 65 Jahren in Düsseldorf-Oberkassel. Auch aus diesem Zweig ist kein Vermögen zurückgeblieben. Nach Düsseldorf gelangte meine Mutter nach dem Tod ihres Vaters über ihre 18 Jahre ältere Schwester Meta. Meta heiratete am 08. Juli 1911 Gerhard Heymert aus Hamburg. Gerhard orientierte sich in seinem kaufmännischen Beruf nach Düsseldorf und nahm dort auch seine Schwiegermutter mit der noch minderjährigen Tochter Erna, meiner Mutter, in seinem Haushalt auf. Meta und Gerhard hatten zwei Kinder: Friedrich (genannt Friedel bzw. Fritz), geb. 1912, und Margarethe (genannt Grete), geb. 1916.

Am 31. März 1911 machte meine Mutter den Volksschulabschluss. Vom 01. Juli 1912 bis 01. Oktober 1913 war sie im Haushalt von Pastor Meyer in Düsseldorf-Oberkassel beschäftigt. Am 20. Oktober 1914 trat sie als Helferin in den Dienst der Deutschen Post ein. Sie wurde am 01. April 1920 als Postgehilfin angenommen. Am 01. Januar 1923 erhielt sie die Anstellung als Post-Betriebs-Assistentin und wurde damit – wie seinerzeit im Deutschen Reich gesetzlich vorgesehen – Beamtin.

Am 08. Juli 1926 heirateten meine Eltern in Düsseldorf und zogen in die bisherige Wohnung meines Vaters in Düsseldorf-Heerdt, Wiesenstraße 32, ein. Auf ihren Antrag hin wurde meine Mutter am 25. Oktober 1926 aus dem Beamtenverhältnis entlassen und erhielt eine Abfindung.

Aus der Militärzeit meines Vaters besitze ich noch dieses Foto. Mein Vater 1909: mittlere Reihe, 5. von rechts, sitzend mit Pfeife und Spielkarten in der Hand.

II. Meine Kindheit 1927 bis 1933

Zu Hause

Meine Mutter brachte mich am 15. Oktober 1927 zur Welt. Unsere Wohnung befand sich in einem kleinen Haus, das inzwischen abgerissen worden ist, auf dem Werksgelände der Firma Rheinwerk in der Düsseldorfer Wiesenstraße 32. Sie bestand aus einer Küche, einem Wohnzimmer und einem Schlafzimmer mit Abort. Ein Badezimmer war nicht vorhanden. Irgendwann kam ich in den Kindergarten neben der evangelischen Kirche in Heerdt. Ich habe kaum noch Erinnerungen daran. Mein Vater nahm mich öfters auf seinem Fahrrad mit. Ich saß dann auf dem Kindersitz, der auf der Rahmenstange befestigt war. Die Fußstützen befanden sich rechts und links an der Vordergabel. Große Freude hat es mir bereitet, wenn mein Vater mit mir Pferd spielte. Ich durfte dann auf seinem Rücken reiten, während er auf allen Vieren um den Wohnzimmertisch krabbelte.

Ich verfüge über kein Foto von meinem Geburtshaus. Zu meiner Freude ist dieses Haus jedoch im Bild des Briefkopfs der Firma *Rheinwerk, Düsseldorf-Heerdt, Wiesenstr. 32* zu erkennen. Die dazugehörigen Briefe befinden sich im Anhang zu Kapitel II (Seite 241 u.242). Es handelt sich um ein Kondolenzschreiben zum Tode meines Vaters und um ein Zeugnis, das die Firma meiner Mutter ausstellte, nachdem sie dort ihre Stelle als Putzfrau beendet hatte. – Das Bild zeigt ganz links das Haus, in dem wir wohnten.

Der Briefkopf der Firma Rheinwerk

Zu irgendeinem Zeitpunkt vor 1933 mussten bei mir die Polypen im Rachenraum entfernt werden. Diesen Eingriff nahm der jüdische Kinderarzt Dr. Ursell in Düsseldorf vor. Er galt als vorzüglicher Arzt und war auch der Arzt in der ersten Zeit meiner Kindheit. Von diesem Arzt werde ich später noch berichten.

„Systemzeit“ und „Dolchstoßlegende“

Zur Zeit meiner Geburt war in Berlin Generalfeldmarschall a.D. Paul von Hindenburg Reichspräsident und Wilhelm Marx (Zentrumspartei) Reichskanzler. Unter schwierigen Verhältnissen konnte Marx am 29. Januar 1927 eine Koalition von Zentrum, der Deutschen Volkspartei (DVP), der Deutschnationalen Volkspartei (DNVP) und der Bayerischen Volkspartei (BVP) zusammenbringen. Die Regierungszeit dieser Koalition dauerte nur bis zum 28. Juni 1928. Das war die 15. Reichsregierung nach 1918.

Nach der Wahl zum 4. Reichstag am 20. Mai 1928 bildete Reichskanzler Müller (SPD) die neue Regierung. Gustav Stresemann (DVP) blieb bis zu seinem Tod am 03. Oktober 1929 weiterhin Außenminister.

Vom 30. März 1930 an folgten bis zum 30. Januar 1933 noch drei Präsidialkabinette. Von Präsidialkabinetten spricht man, wenn der Reichskanzler vom Reichspräsidenten ernannt wird, ohne dass er über eine Mehrheit im Reichstag verfügt.

Es war die Zeit der Weimarer Republik, die später im „Dritten Reich" (von 1933 bis 1945) als „Systemzeit" wegen der vielen Regierungswechsel negativ beurteilt wurde.

Mein Vater kam 1918 als Gefreiter aus dem für Deutschland verloren gegangenen Weltkrieg zurück. Von mitgemachten Frontkämpfen ist mir nichts bekannt. Sicherlich hatte er von der „Dolchstoßlegende" gehört und gelesen. Was besagte diese Legende? Und warum spricht man von einer „Legende"? Kurz und knapp: Nur wenige Wochen nach der deutschen Niederlage im November 1918 verbreitet sich die Darstellung, ein Teil der Heimatbevölkerung, „linke Kräfte" seien dem im Felde unbesiegten Frontheer gleichsam in den Rücken gefallen. Selbst der Kölner Oberbürgermeister Konrad Adenauer von der katholischen Zentrumspartei befand damals vor den an ihm vorbeiziehenden Truppen, sie seien „nicht besiegt und nicht geschlagen worden". Auch der provisorische Regierungschef Friedrich Ebert (SPD) äußerte sich 1919 ähnlich.

Tatsache war, dass der Krieg rein militärisch verloren worden war. Die deutsche Generalität hatte im Sommer 1918 eingesehen, dass der Krieg wegen der Übermacht der Feinde nicht mehr zu gewinnen war, obgleich die Truppen noch in „Feindesland“ standen. Sie fand nun jedoch demokratisch gesinnte Politiker, die bereit waren, ihr den Ruch der Niederlage abzunehmen, indem sie im November 1918 anstelle der militärisch gescheiterten Generäle den Waffenstillstand unterzeichneten und später den Vertrag von Versailles. Durch ihre Unterschriften und Entlastungsreden ermöglichten es die demokratischen Politiker der Generalität und der dieser ergebenen politische Rechten, die Ansicht zu verbreiten, nicht das Militär habe versagt, sondern die demokratische Politik habe dem Militär, das den Krieg noch zu einem erfolgreichen Ende hätte führen können, mit ihren Unterschriften einen Dolch in den Rücken gestoßen. Die Bezeichnung „Novemberverbrecher“ wurde zum Hetzbegriff vor allem gegen Politiker der SPD.

Das Plakat (1918-24) ist entnommen: ***Anschläge. Deutsche Plakate als Dokumente der Zeit 1900-1960****. Ebenhausen bei München: Langewiesche-Brandt 1963, Seite II, 22.*

Das abgebildete Plakat zeigt in Bild und Text die Heftigkeit, mit der die Rechtsparteien in der Zeit der Weimarer Republik gegen die Demokratie kämpften.

(Um ähnliche Entwicklung nach dem Zweiten Weltkrieg auszuschließen, bestanden die Alliierten 1945 auf der verantwortlichen Unterschrift unter der Kapitulationsurkunde durch die deutschen militärischen Befehlshaber.)

Konfrontation mit der immer größer werdenden Arbeitslosigkeit

In der Zeit vor Hitlers Machtübernahme spitzten sich die Auseinandersetzungen zwischen Nationalsozialisten und Kommunisten immer mehr zu. Vermutlich habe ich den Ausdruck „Heil Moskau“ – so begrüßten sich die Kommunisten – damals auf der Wiesenstraße, einer Fabrik- und Arbeitergegend, aufgeschnappt. Hat ihn mir ein Mann im Pförtnerhäuschen von der Nachbarfabrik, der ab und zu mit mir sprach, beigebracht?

In Erinnerung geblieben ist mir die lange Schlange der Arbeitslosen vor dem Arbeitsamt in Düsseldorf. Sie konnte man sehen, wenn man mit der Straßenbahnlinie 16 von Heerdt in die Stadt fuhr.

Mit einer Statistik über die Zahl der Arbeitslosen im Vergleich mit der Zahl der Mitglieder der NSDAP (Nationalsozialistische Deutsche Arbeiterpartei) kann die politisch-soziale Situation in der Zeit vor 1933 aufgezeigt werden:

Jahr	**Arbeitslose**	**Mitglieder der NSDAP**
1925		27.117
1926		49.523
1927		72.590
1928	1,1 Millionen	108.717
1929	2,8 Millionen	176.426
1930	4,3 Millionen	389.000
1931	5,6 Millionen	806.294
1932	5,7 Millionen	1.414.975
Anfang 1933	6,3 Millionen	2.500.000

Quellen:
***Binder**, Gerhart*: **Epoche der Entscheidungen**, Deutscher Bücherbund o.J., S. 160. ***Studt**, Christoph*: **Das Dritte Reich in Daten**. München: Verlag C.H.Beck 2002, S. 18.

Die Macht- bzw. Regierungsübernahme durch Hitler und seine NS-Bewegung erfolgte am 30. Januar 1933. Zur Abwehr von Opportunisten wurde vom 01. Mai 1933 an ein Aufnahmestopp für den Beitritt in die NSDAP verfügt. Dieser Aufnahmestopp wurde erst am 01. Mai 1937 vorübergehend und beschränkt aufgehoben. Die endgültige Aufhebung erfolgte am 01. Mai 1939.

Eintritt des Vaters in die NSDAP am 01. Mai 1933

In den Monaten Februar, März und April 1933 sind mehr als eine Million Deutsche in die NSDAP eingetreten. Dazu gehörte auch mein Vater. Wie aus den mir vorliegenden Unterlagen hervorgeht, ist er am 01. Mai 1933 in die Partei eingetreten und bekam die Mitglieds-Nr. 2.304401. Ein Mitgliedsbuch konnte er noch nicht erhalten haben, weil dieses erst nach zwölfmonatiger Mitgliedschaft ausgestellt wurde. Was mag meinen Vater, der seit dem 05. Dezember 1932 arbeitslos war, bewogen haben, in die NSDAP einzutreten?

Wie jeder Bürger hatte mein Vater die beschriebenen Verhältnisse in der Weimarer Republik miterlebt. Wie viele andere muss er daraus die Konsequenz gezogen haben, dass ein Eintritt in die NSDAP sinnvoll sei. Die Zunahme der wirtschaftlichen Schwierigkeiten, die sich auch in der steigenden Zahl der Arbeitslosen auf über 6.000.000 ausdrückte, wird eine Bedeutung gehabt haben. Er selbst war am 03. Dezember 1932 von seiner Firma wegen Arbeitsmangels entlassen worden.

Mit dem 30. Januar 1933 schien ihm wohl eine „neue" Zeit angebrochen zu sein. Die NSDAP konnte bei der Reichstagswahl vom 05. März 1933 um 10% zulegen und erreichte einen Anteil von 43,9% der Wählerstimmen. Die Wahlbeteiligung hatte sich von 80,6% (November 1932) auf 88,8% erhöht. Ein Vergleich mit den früheren Zahlen der Wahlbeteiligung lässt den Schluss zu, dass gerade die bisherigen Nichtwähler der Hitlerpartei ihre Stimme gegeben haben.

Mein jüdischer Kinderarzt und die NS-Ideologie nach Originalunterlagen aus dem Jahr 1933

Ich weiß nicht, was mein Vater und auch meine Mutter über Juden gedacht haben. Jedenfalls waren sie von sich aus nicht gegen Juden eingestellt, erst recht nicht aus rassistischen Gründen. Das beweist die Auswahl des Kinderarztes für mich. In Düsseldorf besaß der jüdische Kinderarzt, Dr. Ursell, einen hervorragenden fachlichen Ruf. Ihn wählten meine Eltern aus und er wurde in den ersten sechs Jahren mein Kinderarzt.

Wie sehr nun aber der Judenboykott systematisch von der NS-Führung schon bald nach der Regierungsübernahme ab 30. Januar 1933 geschürt worden ist, beweisen die Texte aus dem noch erhalten gebliebenen NS-Mitteilungsblatt Mai/Juni und dem NS-Rundschreiben von Oktober 1933 der NSDAP-Ortsgruppe Düsseldorf-Oberkassel. In beiden Schriftstücken wird eindringlich darauf hingewiesen:

„Achtung! Parteigenossen, wer dabei ertappt wird, dass er bei Juden kauft, hat seinen sofortigen Ausschluss aus der Partei zu gewärtigen.“

Im Rundschreiben wird gerügt:

„Es ist vorgekommen, daß Parteigenossen, ja S.A.-Leute in Uniform (wir nehmen an, aus Unkenntnis) zu jüdischen Ärzten in Behandlung gegangen sind. Wir machen darauf aufmerksam, daß ein Parteigenosse, ebenso wenig wie er in jüdischen Warenhäusern kaufen soll, zu jüdischen Anwälten und Ärzten gehen darf.“

Es ist vorgekommen, daß Parteigenossen, ja S.A.-Leute in Uniform (wir nehmen an, aus Unkenntnis) zu jüdischen Aerzten in Behandlung gegangen sind. Wir machen darauf aufmerksam, daß ein Parteigenosse, ebensowenig wie er in jüdischen Warenhäusern kaufen soll, zu jüdischen Anwälten u. Aerzten gehen darf.

Rundschreiben

der N.S.D.A.P., Ortsgruppe Düsseldorf-Oberkassel

Druck: W. Höche, Bilkerallee 18 / Verantw.: Pg. Dr. E. Bremm / Geschäftsst.: D'dorf-Oberkassel, Schanzenstr. 25 / Ruf 53269

2 Jahrgang — Oktober 1933 — Neue Folge Nr. 3

Mitteilungsblatt NSDAP
Ortsgr. D[üsseldor]f Oberkassel
Mai-Juni 1933

Seite 11:

-.-

Achtung! Achtung!

Parteigenossen,

Wer dabei ertappt wird, dass er bei Juden kauft, hat seinen sofortigen Ausschluss aus der Partei zu gewärtigen.

-.-

Für die Radikalität und das Ziel der NS-Bewegung ist folgender Passus aus dem Rundschreiben vom Oktober 1933 bezeichnend:

„Parteigenossen! Wer zweimal nacheinander unentschuldigt die Pflichtversammlung versäumt, wird ohne alle weiteren Umstände aus der Bewegung ausgeschlossen. In den Mitgliederversammlungen, gleich ob Zellen- oder Ortsgruppenversammlungen, erfährt der Parteigenosse stets die neuesten Anordnungen unseres Führers. Es wird ihm überhaupt alles zur Kenntnis gebracht, was jeder Nationalsozialist, insbesondere aber jedes Mitglied der Ortsgruppe Düsseldorf-Oberkassel unbedingt wissen muß! Mitläufer, die nur ihren Beitrag zahlen, können wir nicht gebrauchen. Was wir suchen sind zähe, verbissene Kämpfer. Kämpfer, die gewillt sind, die Ideen unseres großen Führers bis zum letzten in die Tat umzusetzen! Kämpfer, die bereit sind, alles einzusetzen, um das Ziel unseres Kampfes zu verwirklichen: Die hundertprozentige Erfassung des Deutschen Volkes in der nationalsozialistischen Freiheitsbewegung."

— 13

Bekanntmachungen!

Parteigenossen!

Wer zweimal nacheinander unentschuldigt die Pflichtversammlung versäumt, wird ohne alle weiteren Umstände aus der Bewegung ausgeschlossen.

In den Mitgliederversammlungen, gleich ob Zellen- oder Ortsgruppenversammlung, erfährt der Parteigenosse stets die neusten Anordnungen unseres Führers. Es wird ihm überhaupt alles zur Kenntnis gebracht, was jeder Nationalsozialist, insbesondere aber jedes Mitglied der Ortsgruppe Düsseldorf-Oberkassel unbedingt wissen muß!

Mitläufer, die nur ihren Beitrag zahlen, können wir nicht gebrauchen. Was wir suchen sind zähe, verbissene Kämpfer. Kämpfer, die gewillt sind, die Ideen unseres großen Führers bis zum letzten in die Tat umzusetzen! Kämpfer, die bereit sind, alles einzusetzen, um das Ziel unseres Kampfes zu verwirklichen: Die hundertprozentige Erfassung des Deutschen Volkes in der nationalsozialistischen Freiheitsbewegung.

Rundschreiben

der N.S.D.A.P., Ortsgruppe Düsseldorf-Oberkassel

Druck: W. Höchs, Bilkerallee 18 / Verantw.: Pg. Dr. E. Bremm / Geschäftsst.: D'dorf-Oberkassel, Schanzenstr. 25 / Ruf 53269

2. Jahrgang Oktober 1933 Neue Folge Nr. 2

Dasselbe Rundschreiben enthält einen Aufsatz mit dem Titel „Kampf gegen Hunger und Kälte“, in dem über die NS-Volkswohlfahrt, der die NS-Frauenschaft, der Karitas-Verband, die „Innere Mission“ und das „Rote Kreuz“ bereits angegliedert waren, berichtet wird. Darin heißt es:

„Die internationale Solidarität des Proletariats haben wir zerbrochen. Dafür wollen wir aufbauen die lebendige nationale Solidarität des deutschen Volkes. Auf mit Hitler zum Kampf gegen Hunger und Kälte.“

Der gesamte Aufsatz wird auf der folgenden Seite in Faksimile wiedergegeben.

Ferner setzen beide Verlautbarungen alle Parteigenossen davon in Kenntnis, dass Freunde und Gönner der NS-

Bewegung, welchen die Aufnahme in die NSDAP durch Sperre nicht mehr möglich war, dem sogenannten „Opferring“ beitreten können. Der „Opferring“ war eine von der Reichsleitung zugelassene Einrichtung der Ortsgruppen.

Ich habe aus den Unterlagen so ausführlich zitiert, um die damalige offizielle Anschauung zu vermitteln.

Kampf gegen Hunger und Kälte

Unter diesem Motto hat unser Führer das großzügige Hilfsunternehmen zur Unterstützung notleidender Volksgenossen angeordnet, das sowohl von der Reichsregierung wie vom gesamten Volke getragen wird. Wir dürfen behaupten, daß es die größte Hilfsaktion darstellt, die die Welt jemals erlebt hat. Getragen ist sie nicht nur von dem Gedanken, die Not breitester Schichten des Volkes zu lindern, sondern auch durch freiwillige Uebernahme eines Teiles der Nöte deutscher Volksgenossen den Gemeinschaftssinn des deutschen Volkes weitgehendst zu fördern.

Hilfsbedürftig sind diejenigen, die den nötigen Lebensbedarf für sich und ihre unterhaltsberechtigten Angehörigen nicht aus eigenen Kräften und Mitteln beschaffen können, auch die bereits von Arbeitsämtern oder Fürsorgeverbänden Unterstützten, Rentenempfänger, Erwerbslose, insbesondere kinderreiche Erwerbslose usw. Alle diese sollen beschützt werden und es sei besonders darauf hingewiesen, daß es sich bei unserer Hilfsaktion nicht um ein Almosen handelt, sondern um die Erfüllung einer sittlichen Pflicht denen gegenüber, die nur durch die verbrecherische Mißwirtschaft des verflossenen marxistischen Regimes in diese Not geraten sind.

Für Hilfsbedürftige, die keinen eigenen Haushalt führen, sind Speisungen vorgesehen; diejenigen mit eigenem Haushalt erhalten Lebensmittel, um die Mahlzeiten selbst zu bereiten. Dazu kommen Brennstoffe sowie Bekleidungsstücke.

Die Sammlung von Naturalspenden auf dem Lande und in der Stadt wird in der großzügigsten Weise durchgeführt. Die Reichsbahn gewährt für das Hilfswerk völlige Frachtfreiheit, sodaß ohne Kosten die [illegible] ihre Bestände austauschen, Fehlendes anfordern, und Ueberschuß abgeben können.

Am 1. Sonntag eines jeden Monats sollen Geldsammlungen stattfinden, vor allem Büchsensammlungen auf der Straße durch die NSDAP. und die mit ihr verbundenen Organisationen, ferner Haussammlungen von Tür zu Tür, eine 50 Pfennig Straßenlotterie, Ausgabe von Wohlfahrtsbriefmarken usw.

An diesem Tage soll auch bei denen, die es sich noch leisten können, der übliche Sonntagsbraten fortfallen; statt dessen ißt das ganze deutsche Volk das gleiche Eintopfgericht. Die Ersparnis soll den Sammlungen zu Gute kommen. Um jede Zersplitterung zu vermeiden, sind irgendwelche Sammlungen von anderer Seite untersagt. Gegen das immer mehr überhandnehmende Bettlerunwesen wird ganz energisch eingeschritten. Niemand soll in Zukunft an der Türe noch etwas geben. Der Ertrag der Sammlungen soll nur in saubere Hände kommen und sauber verteilt werden!

Die Leitung der Aktion liegt in den Händen des Reichsministeriums für Volksaufklärung und Propaganda, welches den gesamten politischen Apparat in den Dienst des Hilfswerkes gestellt hat. Die Führung hat die NS.-Volkswohlfahrt übernommen, der die NS.-Frauenschaft Karitasverband, die „Innere Mission" und das „Rote Kreuz" angegliedert sind.

Mitglied der NS.-Volkswohlfahrt muß jeder Parteigenosse sein, der noch in Arbeit steht, Mitglied werden kann jeder Deutsche arischer Abstammung. Im übrigen ist es eine selbstverständliche Pflicht jedes Volksgenossen, der noch in Arbeit steht, Mitglied zu werden.

Die Mitglieder zahlen, soweit sie Parteigenossen sind, einen Monatsbeitrag von mindestens 50 Pfennig, wenn eben möglich jedoch 1 Prozent des Monatseinkommens. Nichtparteigenossen zahlen mindestens 1 RM. per Monat. Wir bitten unsere Parteigenossen, so schnell wie möglich ihre Anmeldung zur NS.-Volkswohlfahrt zu vollziehen und darüber hinaus bei allen ihnen bekannten Parteigenossen für die NS.-Volkswohlfahrt zu werben. Unsere Gruppenhelfer werden in den nächsten Tagen mit den [illegible] herumgehen und wir bitten, diesen ihr schweres Amt durch schnellste Abfertigung zu erleichtern und sie bei der Werbung von Nichtparteigenossen zu unterstützen.

Die internationale Solidarität des Proletariats haben wir zerbrochen. Dafür wollen wir aufbauen die lebendige nationale Solidarität des deutschen Volkes.

Auf mit Hitler zum

„Kampf gegen Hunger und Kälte"

gez.: Pg. Karl Klemm
Gruppenwalter.

Die „neunte" Sinfonie

Am 12. Oktober veranstaltet der „Nationalsozialistische Chor", Düsseldorf, im Kaisersaal der Tonhalle unter der Leitung seines Dirigenten Pg. Alfred Gillessen, Kapellmeister am Opernhaus Düsseldorf, ein Beethoven-Konzert, in dem u. a. die 9. Sinfonie mit dem Schlußchor „An die Freude" zur Aufführung gelangt. Ein erstklassiges Orchester von 60 Musikern, ein Chor von 350 Damen und Herren und 4 hervorragende Solisten bürgen dafür, daß der kunstliebende Düsseldorfer Volksgenosse einen Abend erlebt, der ihm den Glauben an die deutsche Kunst wiedergeben soll!

Dieses Ereignis muß die Nationalsozialisten der Ortsgruppen Düsseldorfs deswegen besonders interessieren, weil es das erste Konzert ist, das der Nationalsozialistische Chor, Düsseldorf (der Name wurde dem Chor durch unseren Gauleiter Staatsrat Florian verliehen) nach der nationalsozialistischen Revolution veranstaltet. Jeder Parteigenosse muß den Nationalsozialistischen Chor, der den Anspruch darauf erhebt, einer der ersten Kulturfaktoren der Kunststadt Düsseldorf zu werden, durch seinen Besuch unterstützen.

Nur wenigen ist bekannt, daß sich im Frühjahr 1932 — als unter dem alten System bewußt Kulturbolschewismus z. B. im Rundfunk, Theater, Kino, in der Vereinigung für neue (lies: hebräische) Musik getrieben wurde — nationalsozialistische Männer und Frauen in dem „Philharmonischen Chor" (Kampfbund für deutsche Kultur) zusammengeschlossen hatten, der sich das Ziel setzte, die Werte deutscher Musik zu verteidigen und — vertrauend auf das gesunde Kunstgefühl des Volkes — unsere schönsten alten und neuen Chorwerke allen Volksgenossen darzubieten. Unter Anlehnung an den Kampfbund für deutsche Kultur brachte der Chor am 1. Dezember 1932 im Kaisersaal das gewaltige „Hallelujah" von Händel zu Gehör. Auf dem Richard-Wagner-Abend am 4. April 1933 — ebenfalls im Kaisersaal — wurden Chöre des Bayreuther Mei-

Tod des Vaters am 11. September 1933

Mein Vater verunglückte an einem Montag gegen 15:00 Uhr tödlich als Radfahrer in Düsseldorf-Oberkassel an der Ecke Luegallee/Oberkasseler Straße. Er hatte irgendwo Obst oder andere Lebensmittel besorgt und wollte sie mit dem Rucksack nach Hause bringen. Ein mit Brettern schwer beladener Lastwagen überholte ihn. Mein Vater verlor das Gleichgewicht und griff Halt suchend nach den Planken des Lkws. Hierbei kam er zu Fall und geriet mit dem Kopf unter das Hinterrad des Lastwagens. Ich kann mich noch entsinnen, wie ein Polizist die traurige Nachricht meiner Mutter überbrachte, als ich noch zum Mittagsschlaf im Kinderbett lag.

Düsseldorfer Tagesspiegel vom 12.9.1933:

Tödlicher Unfall in Oberkassel

An der Ecke Oberkasseler Straße und Luegallee ereignete sich am Montag gegen 15 Uhr, ein tödlicher Verkehrsunfall. Ein in Richtung Belsenplatz radelnder Mann in mittleren Jahren verlor bei der Ueberholung durch einen mit Bretter schwer beladenen Lastwagen die Sicherheit und griff Halt suchend nach den Planken des Autos. Hierbei kam er zu Fall und geriet mit dem Kopf unter ein Hinterrad des Kraftwagens. Papiere führte der Tote nicht bei sich, doch wird angenommen, daß er aus Heerdt stammt.

Repressalien gegen Schmierfinken

An einem der nächsten Tage ging meine Mutter mit mir zu einem Ort, wo mein Vater aufgebahrt im Sarg lag. Nur das Gesicht war zu sehen, der übrige Kopf verbunden. Es war der erste Tote, den ich sah. Die Beerdigung fand am Samstag, dem 16. September 1933, statt.

In dem NS-Rundschreiben vom Oktober 1933 wird über den Tod und die Beerdigung meines Vaters wie folgt berichtet:

„Am Samstag, den 16.9. trugen wir unseren auf so tragische Weise ums Leben gekommenen Pg. Kraemer auf dem Heerdter Friedhof zu Grabe. Eine stattliche Trauergemeinde hatte sich in und vor der Friedhofskapelle versammelt, darunter auch der Zellenleiter sowie einige Amtswalter und SA-Leute. Die Betriebszelle der Firma, bei welcher der Verunglückte früher beschäftigt war, hatte eine Fahnenabordnung zur Stelle. Prächtige Kranzspenden, darunter auch ein Kranz mit Hakenkreuzschleife waren als letzte Grüße zu Füßen des in der Kapelle aufgebahrten Toten niedergelegt.

Pastor Meyer von Oberkassel fand in seiner zu Herzen gehenden Grabrede herrliche Worte des Trostes für die schwergeprüfte Witwe, deren 5jähriges einziges Söhnchen zwar auch anwesend, sich aber über die Tragweite der augenblicklichen Lage nicht im klaren war.

Am offenen Grabe wies Zellenleiter Scherrer nochmal in kurzer Ansprache darauf hin, daß es sich bei dem heimgegangenen Kameraden um einen Parteigenossen gehandelt hat, der wenn auch noch nicht sehr lange aktiv in unserer Bewegung stehend, doch immer als ein eifriger und pflichttreuer Anhänger die Anforderungen unseres Führers an den einzelnen Pg. richtig erkannt hatte. Pg. Kraemer sei nunmehr auch zur großen Armee abgerufen worden und marschiere, wenn der Ruf des Führers wieder erschallt,

zum Endkampf für ein einiges und großes freies Deutschland, im Geiste in unseren Reihen mit.
Ehre seinem Andenken!"

Unter der Kondolenzpost fand ich folgendes Schreiben meines jüdischen Kinderarztes Dr. Ursell vom 15. September 1933:

„Sehr geehrte Frau Kraemer! Meinen Augen traute ich nicht, als ich gestern morgen die Nachricht vom Hinscheiden Ihres Mannes las; ich erkundigte mich sofort und erfuhr die fürchterlichen und traurigen Begleitumstände, unter denen er sein Leben hingeben mußte. Ich möchte Sie versichern, wie leid es meiner Frau, den Kindern und mir tut, daß Sie Ihren Mann auf so entsetzliche Weise verloren haben. Jedes Mal, wenn ich Ihren Mann sprach, erzählte er mit Freude und Stolz, wie prächtig sein Junge heranwuchs. - Von ganzem Herzen möchte ich Ihnen meine tief empfundene Anteilnahme bezeugen und bitte Sie, als letzten Gruß den beiliegenden Kranz an seinem Sarg niederlegen zu wollen. Mit freundlichem Gruß und einem kräftigen Händedruck bin ich Ihr Siegfried Ursell."

Wirkung der NS-Propaganda: Ariernachweis, Arztwechsel

Aus einigen, mir erhalten gebliebenen Unterlagen geht hervor, wie meine Familie sich bereits im Jahre 1934 bemühte, den sogenannten Ariernachweis zumindest bis zu den Großeltern zu erbringen. Es handelte sich hierbei um einen Abstammungsnachweis aus „deutschem oder artverwandtem Blut", der vom NS-Staat für bestimmte Zwecke gefordert wurde (z.B. Mitgliedschaft in der NSDAP und ihren Gliederungen, Bekleidung öffentlicher Ämter, Ausübung bestimmter Berufe). Auch für mich wurde am 29.12.1938 ein standesamtlich beglaubigter Ahnenpass (Ahnentafel) aufgestellt.

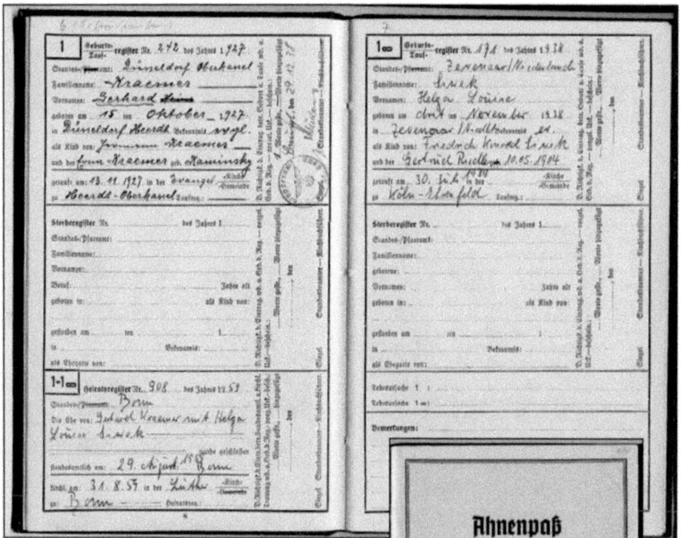

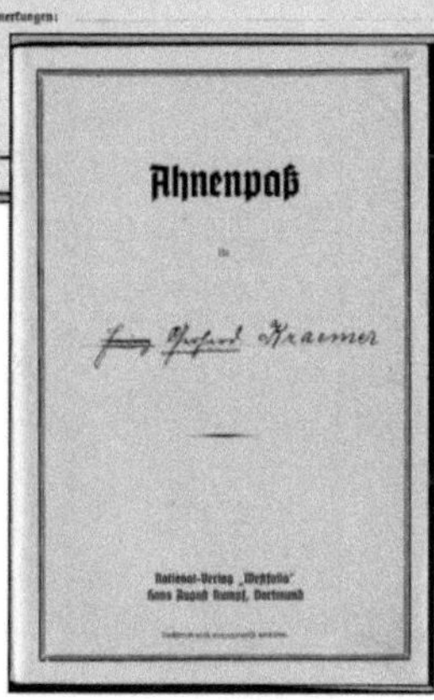

Mein Ahnenpass

Die Eintragungen ohne Siegel und in der Rubrik „Alteltern“ wurden von mir 1958 vorgenommen.

Hinweis:
Standesamtlich lautet mein Vorname „Gerhard“. Allerdings bin ich evangelisch getauft auf „Heinz Gerhard“. Der Nachtrag beim Standesamt unterblieb. In der Familie wurde ich nur „Heinz“ genannt.

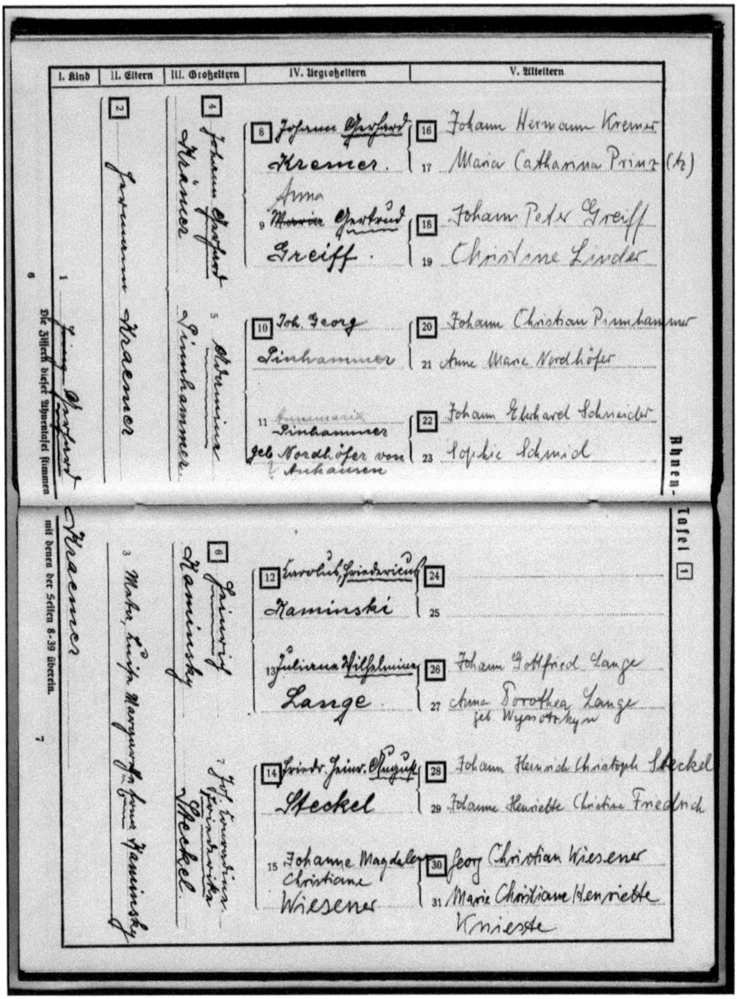

Grundlage für dieses Geschehen war eine Durchführungsverordnung vom 11. April 1933 (im Ahnenpass abgedruckt), in der es heißt:

„Als nicht arisch gilt, wer von nicht arischen, insbesondere jüdischen Eltern oder Großeltern abstammt. Es ge-

nügt, wenn ein Elternteil oder ein Großelternteil nicht arisch ist. Dies ist insbesondere dann anzunehmen, wenn ein Elternteil oder Großelternteil der jüdischen Religion angehört hat.“

Arztwechsel

Trotz des freundlichen Verhältnisses meiner Eltern zu einem jüdischen Arzt muss die NS-Propaganda gegen Juden sie doch beeinflusst haben. Eines Tages, im Jahre 1933, ging meine Mutter in einem Krankheitsfall mit mir nicht mehr zu Dr. Ursell, sondern zu einem anderen – „arischen“ – Arzt. Dieser Arztwechsel berührte mich sehr, weil Dr. Ursell mir angenehmer und freundlicher erschien.

Das Schicksal von Dr. Ursell

Nachdem wir Ende 1935 nach Bonn-Beuel umgezogen waren, besuchte meine Mutter mit mir einige Male ihre Freundin in Düsseldorf mit der Eisenbahn. Mit der Linie 16 fuhren wir an der Praxis von Dr. Ursell vorbei. Ich erinnere mich noch, dass wir einmal, als wir schauten, ob das Praxisschild noch vorhanden war, feststellten, dass das Schild weg war. Wahrscheinlich war es nach dem 30. September 1938, dem Zeitpunkt, zu dem alle Approbationen für jüdische Ärzte erloschen. Wir bedauerten es wohl, aber leider muss ich sagen, wir fanden es nicht überraschend.

Sprung in die Gegenwart von 1996:

Frau Ilse Neuberger

Fünfzig Jahre nach dem Krieg stellte ich Ermittlungen nach dem Verbleib von Dr. Ursell an. Ich erkundigte mich bei der jüdischen Gemeinde in Düsseldorf. Frau Ilse Neuberger, ein Mitglied dieser Gemeinde (Ehefrau des ehemaligen Justizministers von NRW von 1966 bis 1972), teilte mir mit Schreiben vom 17. Dezember 1996 mit, dass die Familie von Dr. Ursell nach der Pogromnacht am 09. November 1938 Deutschland verlassen habe und in England Zuflucht finden konnte. Von sich selbst berichtete mir Frau Neuberger, dass ihre christliche Hausärztin es am 10. November 1938 abgelehnt habe, zu ihnen zu kommen. Sie habe daraufhin Dr. Ursell angerufen. Der sei sofort gekommen und habe erzählt, was er bei der Fahrt durch Düsseldorf gesehen habe. Sie selbst sei mit ihrer Familie Ende November 1938 über Holland nach Palästina emigriert.

III. Meine Volksschulzeit 1934 bis 1939

Städtische evangelische Volksschule Düsseldorf-Heerdt vom 17. April 1934 bis 24. April 1935

Für meine Mutter ist die Zeit nach dem Tode meines Vaters am 11. September 1933 schwer gewesen. Sie musste sich mit der Haftpflichtversicherung, der Lebensversicherung und mit dem Antrag auf Witwen- und Waisenrente beschäftigen. Ich kam am 17. April 1934 mit 6 ½ Jahren in die Städtische evangelische Volksschule Düsseldorf, Heerdter Landstraße. Meine Lehrerin war Frl. Caracciola, eine Schwester des berühmten Rennfahrers.

Am 30. März 1935 wurde ich in das zweite Schuljahr versetzt. Das erste Zeugnis war nicht berühmt: Betragen: gut; Beteiligung am Unterricht: gut; häuslicher Fleiß: genügend; alle Fächer: genügend; Bemerkung: Der Schüler kann viel mehr leisten. Was mag mit mir los gewesen sein? Warum hatte ich kein Interesse am Lernen? Ich weiß es nicht.

Bis April 1935 wohnten meine Mutter und ich noch in dem Haus auf der Wiesenstraße 32 in Düsseldorf-Heerdt. Meine Mutter hat vom 03. April 1934 bis 30. April 1935 bei der Fa. Rheinwerk, Inh. Meisenburg und Sass, als Putzfrau gearbeitet. Wenn sie mich mitnahm, hat mir das Gleiten auf dem Bohnerbesen über dem glatten Parkett der Büroräume großen Spaß gemacht.

Aufgrund des von ihr erstrittenen Urteils des Reichsgerichtes vom 05. März 1935 hat meine Mutter aus der Lebensversicherung meines Vaters einen Betrag von 20.000 RM (Reichsmark) erhalten. Die Haftpflichtversicherung zahlte 1.800 RM. Wahrscheinlich hat meine Mutter nach dieser Verbesserung der wirtschaftlichen Lage das Arbeitsverhältnis beendet. Die Folge war, dass der Arbeitgeber ihr die Wohnung zum 30. April 1935 kündigte.

Meine Mutter versuchte, die Kündigung der Wohnung rückgängig zu machen. Als sie bei Herrn Meisenburg oder Herrn Sass keinen Erfolg hatte, bedrängte meine Mutter mich, mit ihr nochmals zu ihm zu gehen. Ich als siebenjähriger Junge sollte ihn erweichen, uns in dem Haus wohnen zu lassen. Nach einigem Sträuben ging ich mit. Mit schwerem Herzen sagte ich mein Sprüchlein auf. Aber auch mein Auftritt war erfolglos. Der Inhaber ließ sich nicht umstimmen. Ich war enttäuscht. Geknickt verließen wir den feinen Büroraum mit den großen dunklen Ledersesseln. Das war meine erste Begegnung mit einem Arbeitgeber.

Volksschule Hubbelrath (Kreis Mettmann) vom 25. April bis 13. Juni 1935

Ende April 1935 schickte mich meine Mutter – wahrscheinlich auch wegen des bevorstehenden Umzuges – zu ihrer Schwester und meiner Tante Meta Heymert nach Hubbelrath, wo diese inzwischen mit ihrer Familie wohnte. Tante Meta mit ihrem Mann Gerhard und den zwei Kindern Friedel und Grete wurden in den weiteren Jahren für mich eine zweite Familie. Mit diesem Umzug fand am 25. April 1935 mein erster Schulwechsel statt. Ich kam auf eine sogenannte Zwergschule. Mehrere Schuljahrgänge waren in einem Klassenraum. Der Lehrer erschien mir sehr streng.

Das Leben in der neuen Familie habe ich in angenehmer Erinnerung, obgleich die wirtschaftlichen Verhältnisse nicht rosig waren. Onkel und Tante lebten in einer alten, ziemlich verfallenen Bauernkate (genannt: die Bies). Es gab keinen elektrischen Strom und auch kein fließendes Wasser. Die Beleuchtung erfolgte mittels einer Petroleumlampe. Der Abort befand sich im Schweinestall, abgeteilt in einer Ecke. Es waren Hühner, Enten, Gänse und ein oder zwei Schweine vorhanden.

Mein Onkel war arbeitslos, auch mein 15 Jahre älterer Vetter Friedel (*1912) war nach dem Abitur noch ohne Arbeit. Meine Cousine Grete (*1916) arbeitete zu der damaligen Zeit nach dem Ablegen der Mittleren Reife in der zoologischen Handlung ihres Onkels Emil Heymert in Düsseldorf. Onkel Gerhard und Vetter Friedel waren zu dieser Zeit schon aktiv in der NS-Bewegung tätig. Sie gehörten der SA und vermutlich auch der Partei an. (Die Unterlagen darüber sind nach dem Krieg von der Familie wahrscheinlich vernichtet worden.) Das Putzen der Knöpfe an der Bluse der braunen Uniform und das Wienern des schwarzen Lederkoppels (Lederriemen) sind mir noch im Gedächtnis geblieben.

Mein Vetter Friedel machte viele Spiele mit mir und einem Nachbarsjungen. So staffierte er uns einmal als stramme Soldaten aus, pflanzte eine schwarz-weiß-rote Fahne hinter uns ins Gras und fotografierte uns dann.

Obwohl der Aufenthalt auf dem Land relativ kurz war, war er für mich doch eindrucksvoll.

Ich, beim „Soldatenspielen", mit Freund Hänschen (links) vor schwarz-weiß-roter Fahne im Juni 1935

Gemeinschafts-Volksschule Düsseldorf-Grafenberg vom 14. Juni 1935 bis 31. Oktober 1935

Nach der Kündigung ihrer Wohnung ist meine Mutter während meines Aufenthaltes bei meinen Verwandten vom industriellen Heerdt in eine vornehme Wohngegend im Düsseldorfer Stadtteil Grafenberg, Geibelstraße 83, umgezogen. Sie nahm mich Mitte Juni 1935 wieder zu sich. Als ich die neue Wohnung auf der zweiten Etage betrat, war ich von der Schönheit, Ordnung und Sauberkeit sehr beeindruckt. Die Umstellung von der altertümlichen Bauernkate zur Stadtwohnung war enorm.

Mit dem Umzug verbunden war also auch der zweite Schulwechsel – im zweiten Schuljahr – zur Gemeinschafts-Volksschule in Düsseldorf-Grafenberg. Das war für mich eine riesige Schule. An die Lehrer dieser Schule habe ich keine Erinnerung. Ein Ereignis ist mir jedoch im Gedächtnis geblieben: Keiner hatte mir gesagt, dass die evangelischen Schüler zum Religionsunterricht in einen anderen Klassenraum wechseln mussten. Ich blieb daher sitzen. Als alle Kinder das Kreuzzeichen machten, fiel dem Lehrer meine Untätigkeit auf. Ich musste die Klasse alleine verlassen und irrte im großen Treppenhaus ängstlich umher, bis ich endlich den richtigen Unterrichtsraum gefunden hatte. Mir war das sehr unangenehm.

Mutter hat einen Bekannten

In der neuen Wohnung lernte ich auch den neuen Bekannten meiner Mutter kennen, mit dem sie sich zwischenzeitlich angefreundet haben musste. Er hieß Paul Mielewski und war ein Amtsträger der Politischen Organisation der NSDAP. Ich fand ihn nicht sympathisch. Ein neuer „Vater“

wäre seinerzeit für mich undenkbar und problematisch gewesen. Die besagte Person muss in den Jahren 1934/1935 großen Einfluss auf meine Mutter gehabt haben.

Mit Mutter zum Reichsparteitag in Nürnberg vom 10. bis 16. September 1935

In die Zeit der Bekanntschaft meiner Mutter mit M. fällt auch mein „Besuch" des Reichsparteitages 1935. Der Bekannte meiner Mutter nahm in seiner Eigenschaft als Politischer Leiter an diesem Parteitag teil. Er nahm meine Mutter und mich mit nach Nürnberg.

Jeder Reichsparteitag stand unter einem Motto. In diesem Jahr hieß er „Parteitag der Freiheit". Auf diesem Parteitag wurden am 15. September die sogenannten „Nürnberger Gesetze" verkündet. Es handelt sich hier um das „Reichsbürgergesetz", das „Gesetz zum Schutz des deutschen Blutes und der deutschen Ehre" (Blutschutzgesetz) und das „Reichsflaggengesetz". Das erklärte Ziel der ersten beiden Gesetze war, die jüdischen Menschen von der Mitwirkung am öffentlichen Leben des deutschen Volkes auszuschließen. Die Diskriminierungen der Juden wurden mit diesen Gesetzen und weiteren erforderlichen Rechts- und Verwaltungsvorschriften „legalisiert" und weiter erheblich fortgesetzt. Durch das Reichsflaggengesetz wurde die Hakenkreuzfahne zur Reichsflagge erhoben.

Ich war damals fast acht Jahre alt. Onkel Gerhard mit Sohn Friedel trafen wir dort auch an, was uns überraschte. Dass wir von deren Absicht, nach Nürnberg zu fahren, keine Kenntnis hatten, mag daran gelegen haben, dass gerade zu dieser Zeit zwischen den Familien wegen des Verhältnisses meiner Mutter mit ihrem Bekannten „Sendepause“ herrschte.

Ich habe damals gezählt, wie oft ich den „Führer“ in den sechs Tagen gesehen habe. Ich kam auf die Zahl 11. (Diese Zahl konnte ich am 22. September 1938 anlässlich des Treffens Hitlers mit Chamberlain in Bad Godesberg vor dem Hotel Dreesen auf 12 erhöhen, worauf ich seinerzeit sehr stolz war.) In Nürnberg stand ich mit meiner Mutter mehrmals am Straßenrand und jubelte dem „Führer“ zu. In meiner Erinnerung war für mich der Höhepunkt eine Kundgebung auf dem Reichsparteitagsgelände, wo der Reichsarbeitsdienst aufmarschiert war. Hitler hielt dort eine Rede. Die Begeisterung der versammelten Massen ist mir noch sehr in Erinnerung.

Die Bilder auf den folgenden Seiten, die meine Mutter und ihr Bekannter aufgenommen haben, geben einen Eindruck von dem Parteitag. Auf den beiden letzten dieser Bilder bin ich mit der Tochter unserer Wirtin auf der Nürnberger Burg abgebildet. Hitler ist auf zwei Bildern zu sehen.

Unser Blick auf das Parteitagsgelände. Im Vordergrund sind in Reih und Glied Mitglieder des Reichsarbeitsdiensts (RAD) zu sehen. Der Platz ist zum Zeitpunkt des Fotos noch nicht gefüllt.

Marinekapelle

Ich habe damals gezählt, wie oft ich den „Führer“ in den sechs Tagen gesehen habe. Ich kam auf elf Mal.

Eine Ansichtskarte, die wir 13. September 1935 vom Nürnberger Parteitag aus an die Verwandtschaft nach Düsseldorf schickten.

Ich präsentiere die folgenden Fotos in der gewählten Größe, um deutlich zu machen, wie gewaltig diese Begegnungen damals auf mich, einen 8-Jährigen, wirkten.

Hitler vor dem Gebäude der NÜRNBERGER ZEITUNG 1935

Göring vor dem Gebäude der NÜRNBERGER ZEITUNG 1935

Vor dem Gebäude der
NÜRNBERGER ZEITUNG
1935

Ich links am Geländer bei der Besichtigung der Nürnberger Burg; daneben die Tochter unserer Wirtin September 1935

Wir beiden Kinder an der Treppe auf der Nürnberger Burg

Bauplanungen meiner Mutter und Trennung von ihrem Bekannten

Wie bereits oben erwähnt, erhielt meine Mutter nach dem Tode meines Vaters eine beträchtliche Geldsumme. Sie konnte sich eine größere Wohnung in einer guten Wohngegend (Grafenberg) leisten und machte im Sommer 1935 mit ihrem Bekannten M. sogar Baupläne. Sie wollte in Holzlar ein Haus bauen. Hier hoffte sie von den Verwandten meines Vaters günstig ein Grundstück erwerben zu können. Die entsprechenden Pläne und Zeichnungen liegen noch vor.

Um die Jahreswende 1935/1936 muss sich die Planung zerschlagen haben. Wahrscheinlich war das Geld weg. Aber auch Probleme bei der baurechtlichen Genehmigung könnten eine Rolle gespielt haben. Meine Mutter muss festgestellt und eingesehen haben, dass sie von M. getäuscht worden war. Sie war Opfer eines Heiratsschwindlers geworden. Diese Tatsache wurde mir aber erst im Jahre 2005 bewusst, als ich im Nachlass meiner Cousine Grete einen Brief ihres Bruders Friedel vom 17. Januar 1937 an seine Eltern fand:

Mein Vetter Friedel musste 1936/1937 im Rahmen seiner Berufsausbildung zum gehobenen Dienst beim Oberbergamt in Bonn ein Praktikum in einem Bergwerk in Gladbeck machen. Seine Mutter muss ihm brieflich von den Ereignissen mit dem Bekannten meiner Mutter berichtet haben. Denn in seinem Brief vom 17. Januar 1937 an seine Eltern geht er auf den Fall ein und entrüstet sich darüber, dass M. ein Heiratsschwindler gewesen sei und neun Frauen betrogen habe. Die Verurteilung zu einem halben Jahr Gefängnis sei viel zu gering ausgefallen. Meiner Mutter, so schrieb mein Vetter weiter, wäre manches erspart geblieben, wenn sie ihn früher – wie ihre Schwester Meta und ihr Schwager Gerhard – durchschaut hätte.

Vor mir wurde das alles geheim gehalten. Erst jetzt im Nachhinein wurden mir einige Zusammenhänge klar, z.B. das manchmal gespannte Verhältnis zwischen meiner Mutter und der Familie ihrer Schwester.

Evangelische Volksschule Beuel vom 1. November 1935 bis 30. März 1939

Mein Onkel Gerhard hatte nach langer Arbeitslosigkeit am 15. Juni 1934 beim Eierwirtschaftsverband Rheinland/Westfalen in Essen eine Anstellung gefunden. Dieser Verband unterstand dem Reichsminister für Ernährung und Landwirtschaft. Ende des Jahres 1935 erfolgte eine regionale Teilung des Verbandes, infolgedessen mein Onkel ab dem 01. Januar 1936 beim Eierwirtschaftsverband Rheinland in Bonn, Münsterplatz 3, arbeitete.

Das nachstehende Foto zeigt die Belegschaft des Verbandes mit meinem Onkel.

Durch die Verlegung des Arbeitsplatzes musste mein Onkel mit seiner Familie von Hubbelrath in den Bonner Raum umziehen. Er mietete im Ortsteil Vilich der Gemeinde Beuel eine Wohnung in der Adelheidisstraße 62.

Meine Mutter und ich zogen auch mit nach Beuel. Sie mietete ab 01. November 1935 eine Parterrewohnung in der Wolfsgasse 8. Zugleich wurde ich von der Düsseldorfer Schule zur evangelischen Volksschule in Beuel, Neustraße, umgeschult. Ich war immer noch im zweiten Schuljahr. Es war jetzt meine vierte Schule! Der vielfache Schulwechsel hat meine Schullaufbahn nicht gerade gefördert.

Evangelische Volksschule Beuel so, wie das Gebäude 2018 aussieht.
Paul-Gerhardt-Schule *in der Neustraße*

In Erinnerung ist mir noch Weihnachten 1935. Als ich ins „Weihnachtszimmer“ kam, sah ich dort eine große aufgebaute Eisenbahn mit einem Personen- und einem Güterzug von Märklin. Natürlich zum Aufziehen, also nicht elektrisch. Die Schienen waren ziemlich alt. Ich vermute, der Bekannte meiner Mutter hatte die Anlage besorgt und aufgebaut.

Zu meinen damaligen Spielsachen gehörten vier Zentimeter große bemalte Elastolin-Figuren, die Soldaten, Militärmusiker, SA- und SS-Leute und auch führende Regierungsmitglieder bzw. Parteifunktionäre darstellten. Bei einigen konnte man den rechten Arm heben. Ferner besaß ich ein Modell des Mercedeswagens des „Führers“.

IV. Deutsches Jungvolk in der Hitlerjugend (HJ) 1936 bis 1941

Anfang des Jahres 1936 war ich acht Jahre alt. Meine Mutter beabsichtigte, wieder in ihren alten Beruf einzutreten, und bewarb sich um eine Wiedereinstellung bei der Post. Sie musste sich vorbereiten und nahm an Kursen teil. Deshalb wohnte ich zeitweise wieder bei Tante Meta und Onkel Gerhard, diesmal in Vilich. Ich kann mich erinnern, dass ich dort den Einmarsch der Wehrmacht ins Rheinland am 07. März 1936 erlebt habe. Auch kann ich mich an eine Wahl erinnern. Es muss die Volksabstimmung, genannt „Reichstagswahl", vom 29. März 1936 gewesen sein. Reichsweit wurde bei dieser Abstimmung Hitlers Außenpolitik zu 99% gebilligt. In Vilich müssen einige Nein-Stimmen abgegeben worden sein. Mein Onkel meinte damals, eine davon könne vom katholischen Pastor stammen. Erstaunlich, warum ich gerade das behalten habe. In Erinnerung ist mir auch die Radioübertragung des Boxkampfes von Max Schmeling gegen Joe Louis am 19. Juni 1936. Schmeling siegte durch k.o. Unsere Ohren hingen am Detektor, einem primitiven Rundfunkempfänger. Dieser stand in der Wohnung meines Onkels Gerhard. Mein Onkel übernahm in dieser Zeit auch elterliche Pflichten mir gegenüber. So unterschrieb er mein Versetzungszeugnis vom 25. März 1936 ins dritte Schuljahr.

Mir ist in meiner Erinnerung geblieben, dass meine Tante Meta jedes Mal, wenn sie ein neues Brot anschnitt, das Brot segnete, indem sie mit dem Messer auf der Rückseite des Brotes ein Kreuz nachzeichnete. Von zu Hause kannte ich einen solchen Brauch nicht.

Im Herbst 1936 nahm mich meine Mutter vorübergehend wieder zu sich. In diese Zeit fiel auch mein Beitritt zum Deutschen Jungvolk – die offizielle Bezeichnung lautete „Deutsches Jungvolk (DJ) in der Hitlerjugend". Das Gesetz vom 1. Dezember 1936, wonach die Hitlerjugend (HJ) zur Staatsjugend erklärt wurde, wird bei diesem Beitritt eine Rolle gespielt haben. Im Gesetz hieß es: „Die gesamte deutsche Jugend ist außer in Elternhaus und Schule in der Hitlerjugend körperlich, geistig und sittlich im Geiste des Nationalsozialismus zum Dienst am Volk und zur Volksgemeinschaft zu erziehen."

Die Hitlerjugend umfasste alle Jugendlichen im Alter von 10 bis 18 Jahren. Das Deutsche Jungvolk als Teil der Hitlerjugend umfasste die 10- bis 14-Jährigen. Diese Kinder bezeichnete man auch als Pimpfe. Die Gliederung und der Aufbau der Hitlerjugend ist im Anhang zu Kapitel IV (S. 243) dargestellt.

Meine Mutter ging nach meinem neunten Geburtstag (Oktober 1936) mit mir in die Wohnung des Beueler Fähnleinführers Paul Niephaus in der Kreuzstraße und bat ihn, mich ins Deutsche Jungvolk aufzunehmen, obgleich ich noch keine zehn Jahre alt war. Er willigte ein, dass ich am Jungvolkdienst teilnehmen dürfe. Natürlich war ich einverstanden, denn ich wollte auch „dabei" sein. Meine Mutter kaufte mir eine Uniform, und ich war stolz. Mit einem feierlichen Schreiben schenkte mir mein Vetter Friedel zu Weihnachten 1936 das zur Uniform gehörende Fahrtenmesser.

Die Uniform wurde als Ehrenkleid angesehen. Wir durften sie nur zu dienstlichen Treffen und nationalen Anlässen tragen.

Ich, als Pimpf,
in der Uniform des Deutschen Jungvolks
25. April 1937

Den Dienst trat ich beim Fähnlein 36 (Beuel-Ort-Nord) im Bann 160 an. Er fand mittwochs, samstags und gelegentlich auch sonntags statt. Wir trafen uns auf der Straße vor dem früheren Hotel Reichskrone gegenüber der evangelischen Kirche (heute Versöhnungskirche). Ich erinnere mich, dass an dem Gebäude der Reichskrone ein Kasten angebracht war, in dem die neueste Ausgabe des „Schwarzen Korps“, einer Zeitung der SS, und des „Stürmer“ von Julius Streicher aushing. Schon damals fielen mir die antijüdischen Karikaturen auf.

Das Gebäude des vormaligen Hotels Reichskrone am heutigen Doktor-Weis-Platz. – Das Foto stammt aus dem Jahre 2017. Die evangelische Kirche befindet sich gegenüber der linken Front des Gebäudes; der Eingang schaut in den Beginn der Neustraße hinein.

Einzelpreis 15 Rpf.

Berlin, 22. Juli 1943

Das Schwarze Korps

ZEITUNG DER SCHUTZSTAFFELN DER NSDAP

Organ der Reichsführung SS

Das ist die Schlacht

Auto-Aufkleber als Werbung für das Jungvolk in der HJ. „Die Zehnjährigen zu uns", war die Parole ab 1936, als zum erstenmal ein ganzer Jahrgang (1926 Geborene) ins Jungvolk gerufen wurde

Der Stürmer

Deutsches Wochenblatt zum Kampfe um die Wahrheit

48 — 1938

Ist die Judenfrage gelöst?

Die Vergeltungsmaßnahmen gegen die Juden / Die weltgeschichtliche Aufgabe Deutschlands / Der Kampf geht weiter

Die Juden sind unser Unglück!

Die abgebildete Zeitung „Das Schwarze Korps" befindet sich in meinem Besitz. Die beiden anderen sind einer Dokumentation der Bundeszentrale für politische Bildung entnommen; das Wort „Autoaufkleber" scheint mir fragwürdig zu sein.

Eine größere Wohnung auf der Bonner Straße 37

Am 01. April 1937 zog meine Mutter von der Wolfsgasse 8 in eine größere Wohnung auf der Bonner Straße 37 um. Heute ist dies die Rheindorfer Straße 81. Die Wohnung hatte ein Zimmer mehr, aber kein Bad. Als Heizung diente nur ein Ofen (Dauerbrenner) im Wohnzimmer, der mit Briketts geheizt wurde. Das hieß: Kohle aus dem Keller rauf, Asche wieder runter. Im Schlaf- und Esszimmer gab es keine Heizung. In der Küche stand ein Küchenherd, der zum Heizen genutzt wurde. Gekocht wurde auf einem modernen Gasherd. Die Toilette befand sich im Treppenhaus und musste gemeinsam mit einer zweiten Familie – das war die Familie Küppers – benutzt werden. Bei Hochwasser hatten wir öfters Grundwasser im Keller.

Das war nun mein Zuhause für die nächsten 20 Jahre (bis 1958). Obgleich ich später darüber ausführlicher berichten werde, sei hier schon gesagt, dass die Familie Küppers eine SPD-Familie war. Herr Küppers war bis 1933 Vorsitzender der Beueler SPD. Die Familie lebte sehr zurückgezogen außerhalb allen politischen Trubels. Es waren nette und hilfsbereite Nachbarn.

Wiederaufnahme der Berufstätigkeit der Mutter

Im Jahre 1936 hatte sich meine Mutter um die Wiedereinstellung bei der Post beworben. Obgleich sie vor der Heirat im Jahre 1926 aus dem Beamtenverhältnis ausgeschieden und abgefunden worden war, hatte die Bewerbung Erfolg. Sie wurde am 19. Februar 1937 beim Postamt Bonn im Fernsprechdienst zunächst als Angestellte wiedereingestellt und ab 01. Januar 1939 als Postassistentin wieder ins Beamtenverhältnis übernommen. Zumindest im Jahr 1936 erhielt sie noch Fürsorge-Unterstützung.

Eintritt meiner Mutter in die NSDAP am 01. Mai 1937

Bei einer Anstellung im öffentlichen Dienst musste damals jeder seine positive Einstellung zum NS-Staat bekennen und nachweisen. Meine Mutter wird auf die Parteimitgliedschaft ihres verstorbenen Mannes hingewiesen und sich auch bereit erklärt haben, in die NSDAP einzutreten. Zum Zeitpunkt ihrer Wiedereinstellung bestand jedoch noch eine Aufnahmesperre. Nachdem diese am 01. Mai 1937 vorübergehend und beschränkt aufgehoben worden war (vom 01. Mai 1939 an endgültig), wurde meine Mutter von diesem Zeitpunkt an Mitglied der NSDAP. Sie erhielt die Mitglieds-Nr. 4.611.834. Wie ich aus den Entnazifizierungsakten ferner entnehmen kann, war meine Mutter vom 03. Mai 1937 an im Reichskolonialbund und vom 01. August 1938 an im Deutschen Frauenwerk. Trotz mehrfachen Drängens einer engagierten Nachbarin ist sie nicht in die NS-Frauenschaft eingetreten. Ihr war diese Organisation aus irgendwelchen Gründen nicht sympathisch. Daneben bestand eine Mitgliedschaft im Reichsbund der deutschen Beamten, in der NS-Volkswohlfahrt (NSV) und im Reichsluftschutzbund.

Im „Dritten Reich“ musste man tunlichst beweisen, dass man kein „Mitläufer“ war. Dazu rücke ich hier in meinem Text noch einmal einen Ausschnitt aus dem Rundschreiben der NSDAP von Oktober 1933 ein:

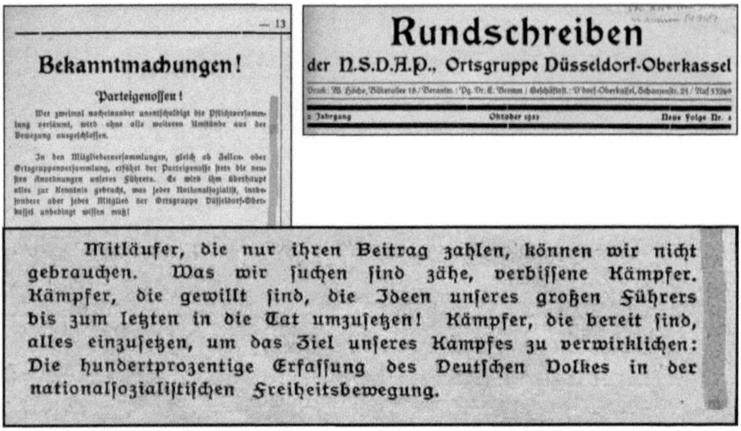

— 13

Bekanntmachungen!

Parteigenossen!

Wer zweimal nacheinander unentschuldigt die Pflichtversammlung versäumt, wird ohne alle weiteren Umstände aus der Bewegung ausgeschlossen.

In den Mitgliederversammlungen, gleich ob Zellen- oder Ortsgruppenversammlung, erfährt der Parteigenosse stets die neusten Anordnungen unseres Führers. Es wird ihm überhaupt alles zur Kenntnis gebracht, was jeder Nationalsozialist, insbesondere aber jedes Mitglied der Ortsgruppe Düsseldorf-Oberkassel unbedingt wissen muß!

Rundschreiben

der N.S.D.A.P., Ortsgruppe Düsseldorf-Oberkassel

Druck: W. Höche, Bilkerallee 18 / Verantw.: Pg. Dr. E. Bromm / Geschäftsst.: D'dorf-Oberkassel, Schanzenstr. 25 / Ruf 53269

2. Jahrgang | Oktober 1933 | Neue Folge Nr. 1

Mitläufer, die nur ihren Beitrag zahlen, können wir nicht gebrauchen. Was wir suchen sind zähe, verbissene Kämpfer. Kämpfer, die gewillt sind, die Ideen unseres großen Führers bis zum letzten in die Tat umzusetzen! Kämpfer, die bereit sind, alles einzusetzen, um das Ziel unseres Kampfes zu verwirklichen: Die hundertprozentige Erfassung des Deutschen Volkes in der nationalsozialistischen Freiheitsbewegung.

Auch meiner Mutter wurde nahegelegt, aktiver zu werden. Sie fand in einem befreundeten Nachbarn, der Ortsvorsitzender des Reichskolonialbundes in Beuel war, einen Helfer. Er übertrug meiner Mutter vom 01. April 1940 an das unterste Amt im Reichskolonialbund. Damit gehörte sie zur Führerschaft und war „Aktivistin“. Das drückte sich auch in der Form des Abzeichens aus, das sie neben dem Parteiabzeichen immer trug. Meine Mutter hat – nach ihren eigenen Angaben gegenüber der Entnazifizierungskommission – bei den letzten demokratischen Reichstagswahlen der Weimarer Republik am 06. November 1932 die Deutschnationale Volkspartei (DNVP) und am 05. März 1933 die NSDAP gewählt.

Der Mitgliedsbeitrag zur NSDAP betrug meiner Erinnerung nach 1,80 RM und wurde monatlich oder vierteljährlich vom Blockleiter kassiert.

Dienst im Jungvolk

Mit der Wiederaufnahme der Berufstätigkeit meiner Mutter im Februar 1937 kam ich wieder zu meiner Tante Meta und meinem Onkel Gerhard nach Vilich. Am 20. April 1937 – das war der 48. Geburtstag von Hitler – wurde ich offiziell in das Deutsche Jungvolk und damit zugleich in die Hitlerjugend aufgenommen. Ich erhielt nun meinen Mitgliedsausweis ausgehändigt.

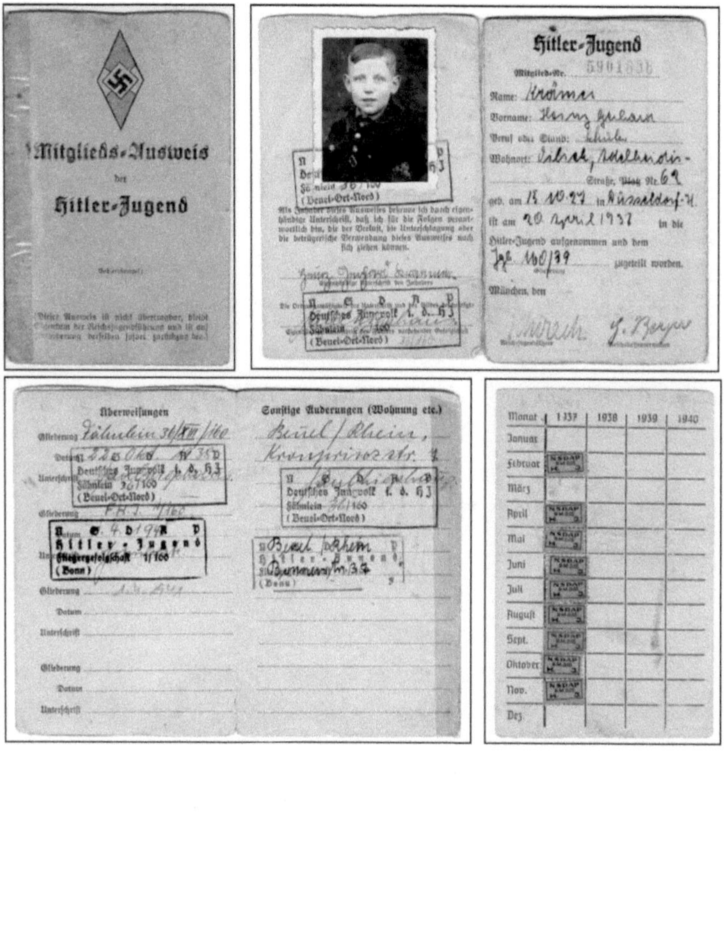

Bei der Aufnahme in das Jungvolk musste man folgende Verpflichtungsformel sprechen:
„Ich verspreche, in der Hitlerjugend allzeit meine Pflicht zu tun in Liebe und Treue zum Führer und unserer Fahne, so wahr mir Gott helfe."

Sogenannte „Schwertworte" sollten unser Leitbild sein:

„Jungvolkjungen sind hart, schweigsam und treu
Jungvolkjungen sind Kameraden
Der Jungvolkjungen Höchstes ist die Ehre"

Den Begriff „Schwertworte" kann ich mir nur so erklären, dass man bei einer feierlichen Zeremonie bestimmte Worte spricht, während die Hand auf ein gezogenes Schwert (Dolch) gelegt wird. Vermutlich eine für germanisch gehaltene Tradition. Es kann aber auch sein, dass das Schwert hier als Symbol für Leben und Tod gemeint ist.

Während ich in Vilich bei meinen Verwandten wohnte, leistete ich meinen Dienst in der dortigen Einheit des Deutschen Jungvolks ab. Unser Jungzugführer hieß Koch. Er war ziemlich dick, grob und Sohn eines SA-Führers. Mir hat der Jungvolkdienst in Vilich nicht gefallen.

Der Dienst im Jungvolk bestand aus Heimabenden (weltanschauliche Schulung, Lernen von Liedern u.a.m.), Aufmärschen, Geländespielen, Leibesübungen, Sportwettkämpfen, Teilnahme an NS-Kulturveranstaltungen und Feierstunden (Führers Geburtstag, Jahrestag der Machtergreifung und des 9. November 1923, Heldengedenktag, Erster Mai).

Nach der mir noch vorliegenden Vorschrift über den Jungvolkdienst vom 1. Juli 1938 war u.a. Gegenstand der Schulung: „Leben des Führers", „Abgetretene Gebiete",

„Deutschtum im Ausland", „Feiertage des deutschen Volkes", Fahnensprüche und HJ-Lieder. Ferner wurde großer Wert auf Leibesertüchtigung und vormilitärische Ausbildung wie Einrichten der Landkarte nach Gestirnen, Kenntnis wichtiger Kartenzeichen (1:25000), Anschleichen und Melden sowie Luftgewehrschießen gelegt.

Das alles wurde im Beueler Jungvolk auch umgesetzt.

Die Geländespiele wurden auf dem Finkenberg abgehalten. Mit Gesang marschierten wir dorthin. Ich kenne noch heute die Stelle, an der ich aufgefordert wurde, mit einem anderen Pimpf einen Boxkampf zu machen. Für mich als halbes Muttersöhnchen war das etwas hart.

Nach heutiger Erkenntnis entsprach das genau der NS-Erziehung. Wie Hitler schon in seinem Buch „Mein Kampf" aus den zwanziger Jahren geschrieben hatte, sollten wir Wesen werden,

„... in denen sich Geist und Körper jene militärischen Tugenden zu eigen gemacht hatten, die man vielleicht am besten so bezeichnen kann: Flink wie Windhunde, zäh wie Leder und hart wie Kruppstahl."

(Quelle: Adolf Hitler, Mein Kampf. München 1938, S. 392).

Unsere Lieder und die NS-Weltanschauung

Viel Zeit wurde in der Hitlerjugend darauf verwandt, gemeinsam Lieder zu singen. Unsere Jungvolkführer konnten Klampfe spielen und übten viele Lieder mit uns ein. Durch das Lernen und Singen dieser Lieder wurden wir auf die Weltanschauung des Nationalsozialismus hin beeinflusst und erzogen. Eigentlich weiß man seit langem, wie wichtig das Singen für jede Art von Ideologisierung ist.

Der Begriff Weltanschauung spielte im „Dritten Reich“ eine wichtige und entscheidende Rolle. Das Fehlen einer einheitlichen Auffassung über Aufgaben, Pflichten und Ordnung des Einzelnen und des Ganzen sah der Nationalsozialismus als politische Schwäche an. Er hat es daher als seine Hauptaufgabe angesehen, diesen Schwächezustand zu überwinden. Ziel des Nationalsozialismus war eine einheitliche Neuordnung der Gesellschaft. Sie erhielt ihren sichtbaren Ausdruck in der Neuordnung der sogenannten „Volksgemeinschaft“ mit ihren sozialen, kulturellen und staatlichen Einrichtungen. Durch Vermittlung des NS-Liedguts sollte gerade in den Jugendverbänden die neue Weltanschauung verbreitet und vertieft werden.

Die HJ-Führung traf die Auswahl der Lieder, die der Weltanschauung des Nationalsozialismus entsprachen. Viele Lieder stammten noch aus dem 19. Jahrhundert. Sie standen in dem Liederbuch „*Uns geht die Sonne nicht unter*“, Lieder der Jugend, herausgegeben vom Obergebiet West der Hitlerjugend. Die Ausgaben von 1934 und 1939 sind noch in meinem Besitz.

Darüber hinaus gab es noch ein Heftchen „Pflichtlieder der Hitlerjugend“, das die Gebietsführung der Hitlerjugend Köln-Aachen herausgegeben hatte. Laut Vorwort in diesem Heftchen sollten Pflichtlieder dazu beitragen, dass *„ein fester Stamm von Liedern bis zum letzten Dorf bei unseren Einheiten vorhanden ist“*. Damit sollte die „Grundlage einer wirklichen Volkstumsarbeit“ gelegt werden. Durch die perfekte Organisation, die von den Reichsjugendführern *Baldur von Schirach* bzw. *Artur Axmann* über die Gebietsführer, Bannführer, Stammführer, Fähnleinführer, Jungzugführer, Jungenschaftsführer bis zum Hordenführer reichte, wurde sichergestellt, dass diese die Texte und Melodien mit ihrem weltanschaulichem Gehalt verinnerlichten.

Um einen Schimmer davon zu geben, was wir damals singen sollten und zum Teil gern gesungen haben, führe ich im Folgenden eine Titel-Liste der von uns meistgesungenen Lieder auf:

Pflichtlieder

„Vorwärts! Vorwärts! schmettern die hellen Fanfaren“ von Baldur v. Schirach
„Heilig Vaterland! In Gefahren deine Söhne sich um dich scharen“
„Der Himmel grau und die Erde braun, da schritten die Männer zum Sturme“
„Nur der Freiheit gehört unser Leben“ von Hans Baumann
„In den Ostwind hebt die Fahnen“ von Hans Baumann
„Nichts kann uns rauben Liebe und Glauben“
„Erde schafft das Neue, Erde nimmt das Alte“

„Brüder in Zechen und Gruben“ mit antijüdischem Text
„Siehst du im Osten das Morgenrot“ mit antijüdischem Text
„Ein junges Volk steht auf zum Sturm bereit“
„Was fragt ihr dumm, was fragt ihr klein“
„Lasset im Winde die Fahnen wehn“
„Ich bin ein freier Wildbretschütz“
„Jetzt kommen die lustigen Tage“
„Und die Morgenfrühe, das ist unsere Zeit“ von Hans Baumann
„Im Märzen der Bauer die Rößlein einspannt“
„Winde wehn, Schiffe gehen weit ins fremde Land“
„Der Käppen, der Stürmann, der Bootsmann und ich“
„Laß doch der Jugend, der Jugend, der Jugend ihren Lauf“

Sonstige Lieder
„Deutschland, Deutschland über alles“
„Die Fahne hoch! Die Reihen dicht geschlossen!“
„In München sind viele gefallen“
„Ich hatt‘ einen Kameraden“
„Fröhliche Weihnacht überall“
„Der Gott, der Eisen wachsen ließ“
„Als die gold’ne Abendsonne“
„Brüder, zur Sonne, zur Freiheit“
„Wenn alle untreu werden“
„Es zittern die morschen Knochen“ von Hans Baumann (1932)
„Die blauen Dragoner, sie reiten“
„Wenn die Soldaten durch die Stadt marschieren“
„Es klappert der Huf am Stege“

„Argonnerwald um Mitternacht"
„Wie oft sind wir geschritten"
„Wildgänse rauschen durch die Nacht"
„Aus grauer Städte Mauern"
„Ein Heller und ein Batzen"
„Schwarzbraun ist die Haselnuß"
„Heute an Bord, morgen geht's fort"
„Ade nun zur guten Nacht!"
„Kein schöner Land in dieser Zeit"
„Nach Ostland geht unser Ritt"
„Wir sind jung, die Welt ist offen"
„Lippe-Detmold, eine wunderschöne Stadt"
„Wir lieben die Stürme, die brausenden Wogen"
„Es braust ein Ruf wie Donnerhall"
„Glück auf! Glück auf! Der Steiger kommt!"

Textauswahl

Eine Textauswahl dieser und anderer Lieder befindet sich im Anhang zu Kapitel IV. (S.244 ff.) Diese Texte verschaffen einen Eindruck von der uns im Dritten Reich vermittelten Weltanschauung in Reinkultur.

Zum Beweis für die Beeinflussung mit dem NS-Geist zitiere ich nachstehend die vollständigen Texte von fünf Liedern, die besonders typisch sind:

„Unsre Fahne flattert uns voran"

Vorwärts! Vorwärts! schmettern die hellen Fanfaren,
Vorwärts! Vorwärts! Jugend kennt keine Gefahren.
Deutschland, du wirst leuchtend stehn,
mögen wir auch untergehn.
Vorwärts! Vorwärts! schmettern die hellen Fanfaren.

Vorwärts! Vorwärts! Jugend kennt keine Gefahren.
Ist das Ziel auch noch so hoch,
Jugend zwingt es doch.

(Kehrreim):
Unsre Fahne flattert uns voran,
in die Zukunft ziehn wir Mann für Mann.
Wir marschieren für Hitler durch Nacht und durch Not
mit der Fahne der Jugend für Freiheit und Brot.
Unsre Fahne flattert uns voran.
Unsre Fahne ist die neue Zeit.
Und die Fahne führt uns in die Ewigkeit!
Ja, die Fahne ist mehr als der Tod!

Jugend! Jugend! Wir sind der Zukunft Soldaten.
Jugend! Jugend! Träger der kommenden Taten.
Ja, durch unsre Fäuste fällt,
wer sich uns entgegenstellt.
Jugend! Jugend! Wir sind der Zukunft Soldaten.
Jugend! Jugend! Träger der kommenden Taten.
Führer! Dir gehören wir,
wir Kameraden, dir!

(Kehrreim):
Unsre Fahne flattert uns voran, …
„Fahnenlied der Hitlerjugend“,
Text Baldur von Schirach, Reichsjugendführer, 1933

„Brüder in Zechen und Gruben“

Brüder in Zechen und Gruben,
Brüder, ihr hinter dem Pflug,
aus den Fabriken und Stuben
folgt unsres Banners Zug.

Börsengauner und Schieber
knechten das Vaterland;
wir wollen ehrlich verdienen,
fleißig mit schaffender Hand.

Hitler ist unser Führer,
ihn lohnt nicht gold’ner Sold,
der von den jüdischen Thronen
vor seine Füße rollt.

Einst kommt der Tag der Rache,
einmal, da werden wir frei;
schaffendes Deutschland erwache,
brich deine Ketten entzwei.

Dann lasst das Banner fliegen,
dass unsre Feinde es sehn,
immer werden wir siegen,
wenn wir zusammenstehn.

Hitler sind wir treu ergeben,
treu bis in den Tod.
Hitler wird uns führen
einst aus dieser Not.
Kampflied der NS-Bewegung, Verfasser unbekannt

„In München sind viele gefallen“

In München sind viele gefallen,
in München war’n viele dabei;
es traf vor der Feldherrnhalle
deutsche Helden das tödliche Blei.

Sie kämpften für Deutschlands Erwachen
im Glauben an Hitlers Mission,
marschierten mit Todesverachten
in das Feuer der Reaktion.

In München sind viele gefallen
für Ehre, für Freiheit und Brot.
Es traf vor der Feldherrnhalle
sechzehn Helden der Märtyrertod.

Ihr Toten vom neunten November,
ihr Toten, wir schwören es euch,
es leben noch vieltausend
Kämpfer für das Dritte, das Großdeutsche Reich!
Text: Adolf Wagner

„Es zittern die morschen Knochen“

Es zittern die morschen Knochen
der Welt vor dem großen Krieg.
Wir haben den Schrecken gebrochen,
für uns war’s ein großer Sieg.
(Kehrreim):
Wir werden weiter marschieren,
wenn alles in Scherben fällt,
denn heute gehört uns Deutschland

und morgen die ganze Welt.

Und liegt vom Kampfe in Trümmern
die ganze Welt zu Hauf,
das soll uns den Teufel kümmern,
wir bauen sie wieder auf.

Und mögen die Alten auch schelten,
so lasst sie nur toben und schrein,
und stemmen sich gegen uns Welten,
wir werden doch Sieger sein.
(Dieses Lied wurde 1932 von Hans Baumann für die katholische Jugendbewegung geschrieben und vertont.)

„Siehst du im Osten“
Siehst du im Osten das Morgenrot,
ein Zeichen zur Freiheit, zur Sonne?
Wir halten zusammen, ob lebend, ob tot,
mag kommen, was immer da wolle.
Warum jetzt noch zweifeln, hört auf mit dem Hadern,
noch fließt uns deutsches Blut in den Adern.
Volk ans Gewehr!
Volk ans Gewehr!

Viele Jahre zogen dahin.
Geknechtet das Volk und betrogen;
Verräter und Juden hatten Gewinn,
sie forderten Opfer Legionen.
Im Volke geboren, erstand uns ein Führer,
gab Glaube und Hoffnung an Deutschland uns wieder.
Volk ans Gewehr!

Volk ans Gewehr!

Deutscher, wach auf nun und reih‘ dich ein,
wir schreiten dem Siege entgegen!
Frei soll die Arbeit, und frei wollen wir sein,
und mutig und trotzig verwegen.
Wir ballen die Fäuste und werden es wagen;
es gibt kein Zurück mehr, und keiner darf zagen.
Volk ans Gewehr!
Volk ans Gewehr!

Wir Jungen und Alten, Mann für Mann,
umklammern das Hakenkreuzbanner.
Ob Bauer, ob Bürger, ob Arbeitsmann,
sie schwingen das Schwert und den Hammer;
sie kämpfen für Hitler, für Arbeit und Brot:
Deutschland erwache und Juda den Tod!
Volk ans Gewehr!
Volk ans Gewehr!
Worte und Weise von Arno Pardun

Der Hass auf Juden war Alltag. Irgendwie und irgendwann – so erinnere ich mich – machten diese Verse die Runde – offiziell oder inoffiziell – ich weiß es nicht mehr:

„Krumme Juden zieh’n dahin - daher,
sie zieh’n durchs rote Meer.
Die Wellen schlagen zu -
Die Welt hat Ruh!“

Diesen Wortlaut habe ich auch in einem Buch aus dem Jahre 1998 mit dem Titel „Kindheit in Deutschland 1933-1939“, herausgegeben von Jürgen Kleindienst, gefunden.

Tenor der Lieder

Heute bin ich selbst erstaunt, wie sehr die Texte der Lieder die damalige NS-Weltanschauung darstellen. Worte wie „Fahne, Kampf, Soldaten, Blut, Sterben, Tod, Ehre, Treue, Freiheit, Vaterland, Deutschland, Sieg“ und „Marschieren“ sind die Hauptbegriffe, die in den Texten vorkommen. Das Wort Frieden konnte ich in beiden Liederbüchern nur zweimal finden. Überzogen und kitschig fand ich die Texte damals nicht. Dazu fehlten die Voraussetzungen wie Presse- und Meinungsfreiheit und Parteien-Demokratie und ein entsprechendes kritisches Elternhaus.

Ich weise darauf hin, dass in dieser Ideologie die besonders kriegerisch-soldatischen und deutsch-patriotischen Ideen der Preußen- und Kaiserzeit bewusst aufgenommen und eingeflossen sind. In dieser Hinsicht kann man bei dem allgemeinen Geschehen von 1933 an nicht von einem abrupten Bruch mit der Vergangenheit sprechen, und schon das preußische Kaiserreich knüpfte an ältere Traditionen an. Ich erinnere nur an das lateinische Sprichwort von Horaz:

„Süß und ehrenvoll ist es, für das Vaterland zu sterben.“

Abgesehen davon, in welchem Zusammenhang Horaz diesen Ausspruch einstmals machte, tauchte er in der nationalistisch-militärischen Geschichte immer wieder auf.

Art, Wirkung und Ergebnis der NS-Erziehung bzw. Propaganda

Wir lernten und sangen diese Lieder im Alter von 10 bis 14 Jahren im Jungvolk und auch später in der eigentlichen Hitlerjugend. Manche Lieder wurden mit großer, andere mit geringer Begeisterung gesungen. Mit Liedern wie „Brüder in Zechen und Gruben“, „Siehst du im Osten das Morgenrot“, „Ein junges Volk steht auf zum Sturm bereit“ und „Es zittern die morschen Knochen“ marschierten wir durch die Straßen von Beuel.

Mit diesem Liedgut wurde die Jugend ab 1933 ideologisch beeinflusst. Der gesamten Erziehung lag dieser Geist zugrunde. In dieser geistig-emotionalen Lage – verbunden mit den innen- und außerpolitischen und nach September 1939 auch den kriegerischen Erfolgen des Deutschen Reiches – sahen und hatten wir keinen Grund, an Hitler und seinem System zu zweifeln. Bei dieser totalen Identifikation waren wir bereit, sobald es zum Einsatz kommen sollte, für Hitler und Deutschland zu kämpfen und wohl auch zu sterben.

Im Gegensatz zu unseren Vätern und Müttern kannten wir, jüngeren Menschen, in der zweiten Hälfte der 30er Jahre die Probleme Hunger, Kälte und Arbeitslosigkeit nicht mehr. Wir waren von der Ideologie des Nationalsozialismus überzeugt.

Beide Plakate (1924 und 1930) sind entnommen: ***Anschläge. Deutsche Plakate als Dokumente der Zeit 1900-1960****. Ebenhausen bei München: Langewiesche-Brandt 1963, Seite IV/16 und II/29*

Die Situation bei unseren Eltern war tatsächlich eine andere. Sie hatten vor 1933 mit großen wirtschaftlichen Problemen zu kämpfen und politisch ging es drunter und drüber. Aus diesem Grunde wandte sich eine große Masse der Bevölkerung Hitler und seiner Bewegung zu, in der Hoffnung, er werde die bestehenden Verhältnisse beseitigen. Er fand in allen Schichten des Volkes Widerhall und Zustimmung. Die Mehrheit nahm dabei die Abschaffung des parlamentarisch-demokratischen Systems in Kauf. Die NS-Führung hatte spätestens im Jahre 1941 nach der Eroberung Frankreichs (1940) und dem anfangs erfolgreichen Überfall auf die Sowjetunion ihr Ziel, die Zustimmung des „Deutschen Volkes“ zur nationalsozialistischen Bewegung bei der überwiegenden Mehrheit der Bevölkerung, erreicht.

Einen beispielhaften Beleg für die unglaubliche Verehrung Hitlers fand ich auf einer offiziellen Postkarte, die in den dreißiger Jahren von Wuppertal-Barmen an eine mir unbekannte Beueler Familie gesandt worden ist:

Abend-Gebet.

Jeden Abend, um dieselbe Zeit,
Zieh' ich aus mein Arbeitskleid
Und bete zu Gott in unserer Not:
Gib' allen Deutschen Arbeit und Brot. —
Laß **Adolf Hitler** lang' noch walten
Und deutsche Treue nicht erkalten.
Wenn er einmal zu uns käm
Und kurzen Aufenthalt hier nähm,
Dann würden wir ihm freudig sagen,
Daß wir ihn tief im Herzen tragen.

Nachdruck verboten.

Rückseite

Zu diesem Gebet passt eine Post-Ansichtskarte, die ich noch besitze.

So etwas wurde damals nicht als kitschig angesehen.

Mit der aufgezeigten NS-Ideologie wurden nicht nur wir „einfachen" Hitlerjungen beeinflusst, weit mehr und noch intensiver zog der Staat eine Elite von jungen Menschen heran, die in den *Napolas* (Nationalpolitischen Lehranstalten) und in den *Adolf-Hitler-Schulen* (AHS) und später in den *Ordensburgen* ausgebildet wurden. Ziel war die Heranbildung besonders qualifizierter Führungspersönlichkeiten („Herrenmenschen"), die überzeugend wirken konnten. Für die Aufnahme in die Napolas und AHS galten gesteigerte Maßstäbe. Abschluss war die Reifeprüfung (Abitur). Mit diesem System wollte Hitler die „neuen" Menschen schaffen, die die Welt regieren sollten.

Mit Mutter und „*Kraft durch Freude*“ ins Allgäu

In den Sommerferien 1937 nahm meine Mutter mit mir an einer KdF-Reise („*Kraft durch Freude*“) ins Allgäu teil. KdF war eine Sonderorganisation der Deutschen Arbeitsfront mit der Aufgabe, den „schaffenden Deutschen“ u.a. Urlaubsreisen und Erholung in der Freizeit zu ermöglichen. Wir wurden auf einem Bauernhof bei Füssen untergebracht. Die Bäuerin lief barfuß herum, was mich – neben den Kühen – sehr beeindruckte.

Wir machten u.a. mit dem Bus Ausflüge nach Neuschwanstein und München. Ich fand es damals als noch nicht 10-Jähriger schon aufregend, die „Stadt der Bewegung“ zu besuchen. Uns wurden das erste NS-Parteibüro in der Gaststätte „Sterneckerbräu“ (vgl. Fotos auf S.85), die zwei Ehrentempel am Königlichen Platz, in denen die 16 „Blutzeugen der Bewegung“ in Särgen aufgebahrt ruhten, und die Stelle an der Feldherrnhalle gezeigt, wo die 16 Männer am 09. November 1923 „gefallen“ waren (siehe das Lied auf Seite 72). Hier standen zwei SS-Männer mit Gewehr Wache. Es war üblich, dass jeder, der daran vorbeiging, mit erhobenem rechtem Arm diese Stätte grüßte. Ich ging gleich zweimal daran vorbei, einmal hin und dann wieder zurück. Meine Mutter schaute mir von der anderen Straßenseite zu.

Die Feldherrnhalle in München

Dieses Foto erwarb meine Mutter wahrscheinlich bei unserem Aufenthalt in München als Sammel-Bildchen; Text auf der Rückseite: „Nr. 16 München, Odeonsplatz mit Feldherrnhalle“.

Mahnmal an der linken Seite der Feldherrnhalle
„Ich ging gleich zweimal daran vorbei.“

Auch dieses Foto erwarb meine Mutter bei unserem Aufenthalt in München als Sammel-Bildchen; Text auf der Rückseite:
„München Mahnmal f. d. Gefallenen d. 9. Nov. 1923“.

Ansichtskarten, die meine Mutter damals in München, der *„Stadt der Bewegung“* kaufte.

Oben der Veteranensaal in der Gaststätte *„Sterneckerbräu“*, in dem in den frühen 20er Jahren die ersten Parteiversammlungen der NSDAP stattgefunden hatten.

Links das erste Parteibüro Hitlers.

Hitlers „große Erfolge“

Petersberg – Bad Godesberg – Hotel Dresen 1938

In den folgenden Monaten erlebte ich die Politik Hitlers, die anscheinend von Erfolg zu Erfolg schritt. Am 12. März 1938 hatte Hitler Österreich unter großer Zustimmung der beiden Bevölkerungen „dem Reich angeschlossen“. Eine weitere Beschränkung des Versailler Vertrages „war weggefallen worden“. Das Reich hieß fortan „Großdeutschland“.

Durch das Münchener Abkommen vom 30. September verschaffte sich Hitler weitere Anerkennung: Chamberlain für Großbritannien, Daladier für Frankreich und Mussolini für Italien stimmten zu, dass das Sudetenland zu Deutschland kam. Der Friede in Europa schien gesichert zu sein.

Godesberg

Im Rahmen der Verhandlungen über die „Sudetenfrage“ trafen sich Hitler und der britische Premierminister in der Zeit vom 22. bis 24. September in Bad Godesberg. Chamberlain wohnte auf dem Petersberg, Hitler im Hotel Dreesen. Dort war immer ein Zimmer für ihn reserviert! Meine Mutter fuhr mit mir nach Rüngsdorf und wir warteten vor dem Hotel auf die Ankunft des „Führers“. Als er kam, jubelte die Menge und ich zählte meine zwölfte Begegnung mit ihm. Es war bei den Leuten ein Thema, ob Hitler zu Chamberlain, einem schon älteren Herrn, auf den Petersberg fahren würde oder dieser zu Hitler herunterkäme. Hitler blieb in seinem Hotel und empfing dort den Gast.

... und in Beuel

Im Herbst zogen meine Verwandten von Vilich nach Beuel, Kronprinzenstraße 7, um. Kurze Zeit später wurde diese Straße in Konrad-Henlein-Straße und nach Ende des „Dritten Reichs“ in Goetheallee umbenannt. Ich kam vorher wieder zu meiner Mutter in die Bonner Straße. Diese Straße gehörte zu Vilich-Rheindorf. Da ich wieder im Beueler Jungvolk und nicht im Rheindorfer Jungvolk Dienst machen wollte, wurde als mein Wohnort die Anschrift meiner Verwandten angegeben, obwohl ich nicht mehr bei ihnen wohnte.

Inzwischen gab es in Beuel das neue HJ-Heim an der Ringstraße/Ecke Limpericher Straße. Hier fanden nunmehr die Treffen zum Jungvolkdienst statt.

Heute befindet sich im linken Teil des Gebäudes das Kinderhaus des Städtischen Kindergartens am Stadion, rechts befindet sich das Jugendzentrum „das flax“.

„Reichskristallnacht“ am 9./10. November 1938

Seit Ostern 1938 befand ich mich im fünften Schuljahr der evangelischen Volksschule (heute Paul-Gerhardt-Schule). Einige Schüler waren nicht mehr in der Klasse, weil sie zur Oberschule gewechselt sind. Meine Mutter hatte das Bestreben, dass auch ich – gleich meinem Vetter Friedel – das Abitur machen solle. Da meine schulischen Leistungen aus verschiedenen Gründen (z.B. der dreimalige Schulwechsel) nicht so gut waren, ließ mich meine Mutter noch ein Jahr länger auf der Volksschule.

Die Münchener Konferenz lag gerade etwas mehr als einen Monat zurück, als ich die „Reichskristallnacht“ erlebte. Ich kam am 10. November gegen Mittag von der Schule und wollte über die Neustraße und Kreuzstraße nach Hause gehen. Der Heimweg querte die Wilhelmstraße (heute Siegfried-Leopold-Straße), wo sich die Beueler Synagoge befand.

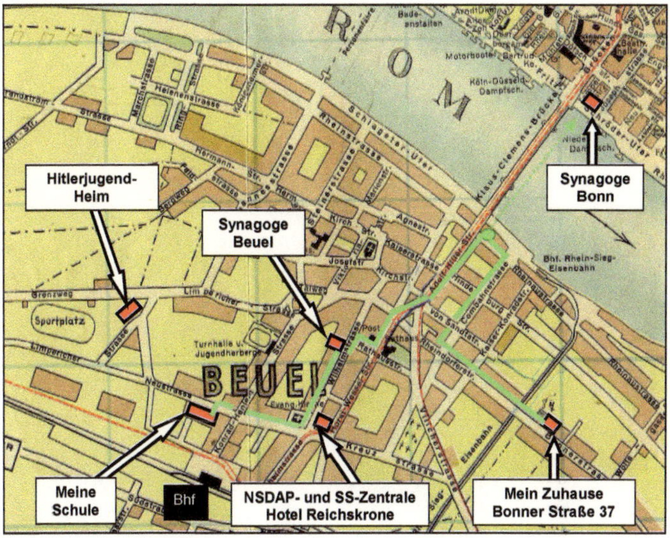

Dieser Stadtplan von Beuel stammt aus dem Jahr 1940. Die Rheinbrücke heißt noch nicht „Kennedy-Brücke", die heutige Siegfried-Leopold-Straße heißt noch Wilhelmstraße.

Die 1903 erbaute Beueler Synagoge

Die 1988 erbaute Gedenkstätte am Ort der 1938 zerstörten Synagoge an der heutigen Siegfried-Leopold-Straße

Die Synagoge ist mir nur als abgeschlossenes, dunkles Gebäude in Erinnerung. Jüdische Menschen habe ich vor dem 10. November 1938 nicht bewusst wahrgenommen. Beim Passieren der Wilhelmstraße bemerkte ich ca. 150 m rheinwärts einen Brand. Ich ging natürlich hin und sah die brennende Synagoge. Einige Leute schauten zu. Die Feuerwehr löschte nur indirekt; sie schützte lediglich die Nachbarhäuser. Ich war erstaunt, warum die Feuerwehr den Brand nicht intensiv bekämpfte.

Ich vermutete, dass die Synagoge absichtlich angezündet worden war. Um eine Bestätigung dieser Vermutung zu erhalten, ging ich weiter zur Claus-Clemens-Brücke (heute Kennedy-Brücke). In ihrer unmittelbaren Nähe stand auf der anderen Seite des Rheins die Bonner Synagoge. Von der Brücke aus sah ich auch diese Synagoge brennen. Vor dem Hintergrund des tödlichen Anschlags eines Juden auf einen Angehörigen „unserer" Pariser Botschaft und der judenfeindlichen NS-Propaganda galten die Aktionen als Vergeltungsmaßnahme. Sie war für mich als 11-Jährigen nicht empörend.

Noch am selben Tag bin ich mit meiner Mutter nach Bonn gegangen. Dort sah ich in der Wenzelgasse jüdische Geschäfte mit eingeschlagenen Schaufensterscheiben. Die Glasscherben lagen auf dem Bürgersteig. Das war in ganz Deutschland so. Vom Glitzern der Scherben erhielt das Pogrom den Namen „Reichskristallnacht". Natürlich fand ich das ungewöhnlich. An irgendwelche positiven oder negativen Reaktionen – auch von Seiten meiner Mutter oder meiner Verwandten – kann ich mich nicht erinnern.

Wenn ich heute darüber lese, wie sich das Novemberpogrom 1938 im Reich abgespielt hat, dann komme ich zu dem Ergebnis, dass unser Verhalten damals für die Mehrheit der Deutschen typisch war. Das Schicksal der Juden – und auch der „Zigeuner“ u.a. – war in der Bevölkerung kein Thema, über das man sich besonders erregte. Das Leben ging unverändert weiter. Das wird verständlich, wenn man weiß, dass die Zahl der Juden in Deutschland nur eine Minderheit darstellte. In Deutschland lebten 1933 ca. 562.000 Juden. Bis 1938 waren ca. 220.000 Juden ausgewandert. Im Reich – ohne Österreich – lag die Zahl der Juden 1938 bei ca. 342.000.

Welche Männer die Synagogen angesteckt und die Schaufenster eingeschlagen haben, kann dahingestellt bleiben. Mögen es Politische Leiter, SS- oder SA-Leute gewesen sein, auswärtige oder einheimische – egal –, sie handelten im Sinne der NS-Ideologie.

Der „Fall“ Marie Kahle

Aber es gab auch Deutsche, die nicht teilnahmslos blieben. Während meine Mutter und ich die eingeschlagenen Schaufensterscheiben der jüdischen Geschäfte in der Bonner Innenstadt anschauten, half auf der Kaiserstraße eine Frau mit ihrem Sohn einer Jüdin beim Aufräumen ihres Geschäftes. Es war Frau Marie Kahle mit ihrem Sohn Wilhelm, Student. Ehemann Paul Kahle war Professor und Direktor des Seminars für orientalische Sprachen (z.B. Arabisch, Persisch, Hebräisch) der Bonner Universität. Er war ein international anerkannter Wissenschaftler. Da die Familie bei ihrer offenkundig positiven Haltung gegenüber Juden verblieb und nicht bereute, einer jüdischen Geschäftsfrau nach der „Kristallnacht“ geholfen zu haben, wurde Prof. Kahle als Hochschullehrer entlassen. Die Universität bestrafte Wilhelm Kahle mit der Entfernung von der Hochschule. Auch keine andere deutsche Hochschule hat ihn aufgenommen. Es blieb der Familie nichts anderes übrig, als über Belgien nach England zu emigrieren. Wären sie in Deutschland geblieben, hätte man sie mit Sicherheit in ein Konzentrationslager eingeliefert. In dem Buch „*Was hätten Sie getan?*" (*John H.* ***Kahle*** und *Wilhelm* ***Bleek*** (Hg.), Bouvier Verlag Bonn 1998) wird die Geschichte dieser Familie eindrucksvoll beschrieben.

Dieses Buch von *Kahle* und *Bleek* enthält einen Artikel aus dem *Westdeutschen Beobachter* (Amtliches Organ der NSDAP und sämtlicher Behörden) vom 17. November 1938, worin ein Journalist den mitmenschlichen Einsatz von Frau Kahle und ihrem Sohn als Kriminalfall beschreibt, behandelt und beurteilt. Dabei werden die Gründe aufgezeigt, weshalb das „Dritte Reich", der „Nationalsozialismus" und Hitler so total gegen Juden eingestellt waren. Sie werden in diesem „amtlichen" Artikel als die größten Feinde des nationalsozialistischen Deutschlands bezeichnet. Siehe dazu oben auf Seite 59 die Zeile in der NS-Zeitung „Der Stürmer" vom Dezember 1938:

Die Juden sind unser Unglück!

Der Stürmer
Ist die Judenfrage gelöst?
Die Juden sind unser Unglück!

„Die" Juden wurden für alles Negative auf dieser Welt verantwortlich gemacht, schuldig gesprochen und so zu Sündenböcken gemacht.

Da der Verfasser des Artikels im *Westdeutschen Beobachter* bemerkenswerterweise in seinem Artikel auch die Gesinnung der deutschen Bevölkerung zur NS-Politik gegenüber den Juden m.E. zutreffend beurteilt, möchte ich auf diesen Komplex näher eingehen.

Zunächst geht er davon aus, dass die Mehrheit des „Volkes" dieser Politik positiv gegenüberstehe. Dann räumt er aber ein, dass es auch einige Gegner dieser Politik gebe. Er unterscheidet dabei vier Bevölkerungsgruppen:

a) ein kleiner Kreis, der gegen die NS- und Judenpolitik eingestellt ist,
b) Menschen mit positiver Einstellung zum NS-Staat, die aber die harten Maßnahmen gegen die Juden aus „schwächlicher Sentimentalität" nicht verstehen können oder wollen,
c) Menschen mit positiver Einstellung zum NS-Staat, die durch „Irreführung verständliches Mitleid" mit den Juden haben,
d) Menschen, die das Judentum als Verbrechensquelle und Feind Deutschlands erkennen, aber eine rücksichtslose Bestrafung der Juden als zu hart empfinden (Hier könnte der Autor des Artikel m. E. die weniger radikal und fanatisch denkenden NS-Gefolgsleute im Blick gehabt haben).

Der Artikel im *Westdeutschen Beobachter* enthält eine höchst bemerkenswerte Aussage, wobei der Autor speziell den unter d) erwähnten Personenkreis anspricht:

„Diese letzteren führen gerne das Wort ‚Menschlichkeit' im Munde und vergessen, dass es in dieser Frage nur eine wahre Menschlichkeit gibt: Die Ausrottung der Weltpest."

Der Artikel ist wegen seiner Bedeutung im Anhang zu Kapitel IV (S. 259) in vollständiger Länge abgedruckt.

Diese – man kann sagen – Analyse aus nationalsozialistischer Feder besagt, ja beweist, dass ein Teil der deutschen Bevölkerung mit den harten Maßnahmen gegenüber der Juden nicht einverstanden war. Meiner Meinung nach lässt sich daraus erklären, warum Hitler die spätere systematische Vernichtung der Juden als eine streng geheime Maßnahme durchführen ließ.

Wenn junge Menschen das Buch von *Kahle* und *Bleek*, „*Was hätten Sie getan?*", heute lesen, wünschen sie wohl, ihre Eltern und Großeltern hätten sich auch so wie Frau Kahle und ihre Söhne verhalten. Eventuell denken sie, auch sie hätten den Juden damals geholfen und die „Nürnberger Gesetze" (siehe oben Seite 42) und die daraus folgenden Verordnungen verurteilt. Vielleicht! Vielleicht auch nicht! – Denn sie hätten sich durch Handlungen gegen staatliche Maßnahmen und damit gegen NS-Politik wohl sicherlich in große, vielleicht größte Schwierigkeiten – möglicherweise sogar in Lebensgefahr – gebracht.

Bei einem Treffen mit Schülerinnen und Schülern der *Marie-Kahle-Gesamtschule* im *Christlich-jüdischen Café* in Bonn im Jahr 2016 blieben die Antworten auf meine Frage, wie sie sich damals wohl verhalten hätten, wenn sie dabei gewesen wären, unschlüssig.

Die Umstände der Rehabilitierung der Familie Kahle waren zwiespältig. Zwar kam Paul Kahle nach dem Krieg nach Deutschland zurück, erhielt 1955 eine Entschädigung als Wiedergutmachung und bekam auch das Große Verdienstkreuz der Bundesrepublik Deutschland, aber es dauerte mehr als 50 Jahre, bis das 1945 in London veröffentlichte Buch von Frau Kahle, „Was hätten Sie getan?", ins Deutsche übersetzt und veröffentlicht wurde. Erst danach wurde der „Fall" Kahle allgemein bekannt. Die Stadt Bonn beschloss 1995, eine Straße nach Marie Kahle zu benennen. Aber erst nach mehrjährigem Streit im Stadtrat und in der Verwaltung wurde im Jahr 2000 schließlich die Straße, die hinter der Bundeskunsthalle entlang der Bahnlinie verläuft, nach dieser mutigen Frau benannt. Später erhielt dann auch die oben schon genannte Gesamtschule ihren Namen.

Oberschule ab Ostern 1939

Nach Abschluss des fünften Volksschuljahres meldete meine Mutter mich zu Ostern 1939 an der privaten Ernst-Kalkuhl-Oberschule in Oberkassel an.

In der Zeit nach dem Ersten Weltkrieg:
Private Kalkuhlsche Oberrealschule bzw. Kalkuhlsche Oberschule.
Nach dem Zweiten Weltkrieg bis heute: Privates Ernst-Kalkuhl-Gymnasium

Diese Schule hatte den Ruf, dass ihre Anforderungen nicht so hoch waren wie die der öffentlichen Schulen. Als mich meine Mutter am Ende der fünften Klasse in der Volksschule abmeldete, sagte der Lehrer Weber sinngemäß zu ihr: „Wenn ich gewusst hätte, dass Ihr Junge zur Oberschule geht, hätte ich ein besseres Zeugnis ausgestellt." An den Lehrer Weber habe ich sonst keine Erinnerung mehr. Er muss den Lehrer Erich Klein abgelöst haben, der meiner Erinnerung nach zu einer Napola (siehe oben Seite 80) wechselte. Bei Schulbeginn in der Oberschule konnte ich es vermeiden, das Volksschulzeugnis, das mir peinlich war, vorzulegen. Die Aufnahme hatte meine Mutter mit dem Direktor wohl schon vorher geregelt.

Ich fuhr jeden Wochentag mit der Siebengebirgsbahn von der Haltestelle Beueler Brücke bis nach Ramersdorf. Von dort ging ich dann zu Fuß zur Schule. Später benutzte ich auch das Fahrrad.

Unser Englischlehrer war ein Engländer. Bei Kriegsbeginn am 01. September 1939 verließ er die Schule. Die jüngeren Lehrer wurden nach und nach zum Militär eingezogen. Dafür wurden alte Lehrer eingestellt, die bereits pensioniert waren.

Jede Unterrichtsstunde begann und endete mit dem Erweisen des „Deutschen Grußes". Der Lehrer kam in die Klasse und wir standen auf. Er ging zu seinem Pult oder Tisch, streckte den rechten Arm aus und sagte: „Heil Hitler!" Wir erhoben ebenfalls den rechten Arm und antworteten: „Heil Hitler!" Das gleiche Prozedere fand auch am Schluss der Stunde statt. Vor Beginn der großen Ferien mussten sich alle Schüler der Schule klassenweise auf dem Schulhof in Dreierreihe und im Karree aufstellen. An der

Kopfseite standen die Lehrer und der Direktor. Letzterer hielt eine Rede und verabschiedete uns. Zum Abschluss wurde immer die Nationalhymne und das Horst-Wessel-Lied – jeweils die erste Strophe – gesungen:

„Deutschland, Deutschland über alles,
über alles in der Welt,
wenn es stets zum Schutz und Trutze
brüderlich zusammenhält!
Von der Maas [Belgien] bis an die Memel [Litauen],
von der Etsch [Südtirol] bis an den Belt [Dänemark].
Deutschland, Deutschland über alles,
über alles in der Welt!“

Text: Hoffmann von Fallersleben, 1841

„Die Fahne hoch,
die Reihen dicht geschlossen!
SA. marschiert
mit ruhig festem Schritt.
Kam'raden, die Rotfront [Kommunisten] und Reaktion [Kapitalisten, Bürgertum und Monarchisten, die NSDAP wollte zunächst sozialrevolutionär sein] erschossen,
marschiern im Geist
in unsern Reihen mit.“

Text: Horst Wessel, 1927

Die Grußordnung der Hitlerjugend

e) Die Grußordnung

Zu Deinen Pflichten als Pimpf gehört der Gruß. Dein Gruß ist nur der Deutsche Gruß: Du hebst den rechten Arm ausgestreckt in Augenhöhe und sagst: „Heil Hitler!"

Hiermit grüßt Du immer Deine Bekannten (Verwandten, Lehrer, Kameraden).

Wenn Du im Dienstanzug über die Straße gehst, hast Du darüber hinaus weiterhin jeden uniformierten Angehörigen der Partei, des Staates und der Wehrmacht zu grüßen. Du grüßt also erstens einmal die Führer der HJ. einschließlich der Jungvolkführer, vor denen Du natürlich auch, wenn Du angesprochen wirst oder eine Meldung machst, Haltung annimmst. Du grüßt weiterhin die Hitler-Jugend, BDM.-Mädel und die Jungmädel, Du grüßt den Politischen Leiter, den SA.-Mann, den SS-Mann, den NSKK.-Mann, den Mann vom Nationalsozialistischen Fliegerkorps, Du grüßt den Polizeibeamten, den Arbeitsmann und den Soldaten (und daß Ihr Jungvolkpimpfe Euch als Kameraden untereinander grüßt, ist eine Selbstverständlichkeit). Du grüßt als der jüngste Träger einer Uniform der Bewegung und des Staates Adolf Hitlers immer zuerst! Du grüßt darüber hinaus den Dir bekannten Führer auch dann, wenn einer von Euch oder Ihr beide in Zivil seid. Weiterhin hast Du die Führer marschierender Kolonnen und die Fahnen der Bewegung, der Polizei und Wehrmacht zu grüßen.

Du erhebst auch den Arm zum Deutschen Gruß beim Singen und Spielen des Deutschland- und des Horst-Wessel-Liedes sowie beim Kehrreim unseres HJ.-Liedes „Unsere Fahne flattert uns voran", auch dann, wenn Du im Glied angetreten bist.

Pimpf, Dein Gruß ist Deine Ehrenbezeugung!

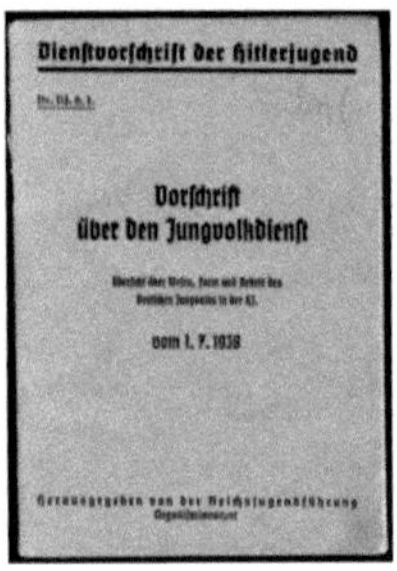

Dienstvorschrift der Hitlerjugend
Vorschrift über den Jungvolkdienst
Übersicht über Wesen, Form und Arbeit des Deutschen Jungvolks in der HJ.
Vom 1.7.1938,
herausgegeben von der Reichsjugendführung, Organisationsamt

Während des Singens mussten alle den rechten Arm zum Hitlergruß erhoben halten. Ich stützte ihn schon mal ab, was kein Offizieller sehen durfte. Anschließend rief der Direktor aus: „Mit einem dreifachen ‚Sieg Heil' auf Führer, Volk und Vaterland: Sieg Heil! Sieg Heil! Sieg Heil!" Wobei die Gemeinschaft jeweils das „Heil" rief. So war es auch nach jedem Dienst in der Hitlerjugend und bei fast jeder offiziellen Versammlung in NS-Deutschland. Wir haben sehr wohl bemerkt, welche Lehrer das Parteiabzeichen trugen. Eine kritische Bemerkung über den NS-Staat hätte sich kein Lehrer erlauben können. Alle Beamten hatten auf Hitler und den Staat einen Treueid abgeleistet.

Ich besuchte diese Schule bis zur Luftwaffenhelferzeit und machte nach dem Krieg dort mein Abitur.

Der Beginn des Zweiten Weltkrieges und die „Blitzkriege"

Im Jahre 1939 setzten sich die außenpolitischen „Erfolge" und entsprechend auch das wachsende Ansehen Hitlers bei der Bevölkerung fort. Am 15. März besetzte Hitler mit seiner Wehrmacht die „Resttschechei" und errichtete das Protektorat „Böhmen und Mähren". Am 23. März wurde das Memelgebiet dem Reich angegliedert. Der Weg Hitlers und des Deutschen Reiches schritt von „Höhepunkt zu Höhepunkt".

Nach den Reden Hitlers und der NS-Propaganda hatten ich und wohl auch ein großer Teil der deutschen Bevölkerung den Eindruck, dass Hitler unbedingt den Frieden wollte. Denn die beiden Gebietserweiterungen wurden nicht als kriegerische Akte, sondern als berechtigte Aktionen angesehen. Im September 1939 sollte wieder ein Reichsparteitag stattfinden, der das Motto „Parteitag des Friedens" tragen sollte. Er fand nicht statt, weil Hitler mit seiner Wehrmacht Polen überfiel. Wie konnte es dazu kommen?

Seit 1918 war Ostpreußen durch den „Polnischen Korridor" vom übrigen Reichsgebiet getrennt. Aufgrund des Versailler Vertrages von 1919 bekam Polen, das seit fast 150 Jahren zwischen den Nachbarstaaten aufgeteilt gewesen war und nach dem Ersten Weltkrieg wieder ein autonomer Staat geworden war, durch die Grenzregelungen einen breiten Zugang zur Ostsee. Hitler forderte im März 1939 von Polen die Genehmigung zum Bau einer Autobahn und einer Eisenbahnlinie durch den Korridor zum abgeteilten deutschen Gebiet sowie die Angliederung von Danzig an Deutschland. Ich und sicherlich viele andere auch fanden diese Forderungen begründet. Polen lehnte sie jedoch ab.

Am 23. August 1939 schloss Deutschland mit der Sowjetunion einen Nichtangriffspakt (Hitler-Stalin-Pakt) ab. Für mich war das unbegreiflich. Die Kommunisten waren unsere größten Feinde. Wie kann man mit ihnen einen Vertrag abschließen? Aber man dachte, wenn Hitler das macht, wird es wohl richtig sein. Er weiß schon, was er tut.

Als Hitler dann am 01. September 1939 den Krieg gegen Polen begann und auch begründete, empfand ein großer Teil der Deutschen in ihrem Bewusstsein nach meiner Wahrnehmung daran kein Unrecht. Aber anders als im Jahre 1914 gab es bei diesem Kriegsausbruch auch keine Begeisterung in der Bevölkerung. Der Sieg dieses „Blitzkrieges" gegen Polen wurde allerdings bejubelt. Am 03. September 1939 erklärten England und Frankreich dem Deutschen Reich aufgrund des Beistandspaktes mit Polen den Krieg. (Bis Ende 1941 handelte es sich um einen „europäischen" Krieg. Vom 11. Dezember 1941 an wurde er durch die Kriegserklärungen von Deutschland und Italien an die USA zum Weltkrieg.)

Nach dem Sieg über Polen ging es jetzt Schlag auf Schlag. Ich liste die bekannten Fakten abgekürzt auf, um gegenwärtig zu machen, was wir damals erlebten:

- Am 09. April 1940 überfällt die deutsche Wehrmacht Dänemark und Norwegen.
- Am 10. Mai 1940 greift die deutsche Wehrmacht unter Verletzung der Neutralität der Niederlande, von Belgien und Luxemburg Frankreich an. Bereits Mitte Juni 1940 ist Frankreich besiegt. Der Jubel über Hitlers Triumph war überwältigend.

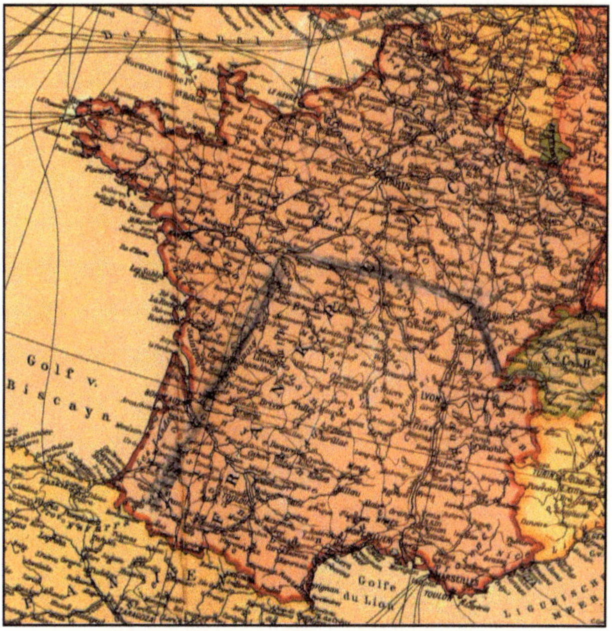

Ausschnitt aus meiner Europa-Karte
Hier hatte ich mit blauem Farbstift die deutsche Besatzungsgrenze eingezeichnet: Südfrankreich blieb zunächst unbesetzt.

- Am 19. Juli 1940 nimmt Hitler noch einmal das Wort „Frieden“ in den Mund. In einer Reichstagsrede richtet er zum letzten Mal einen „Friedensappell“ an Großbritannien. Ich zitiere einige wenige Sätze:

  „[...]. Mister Churchill hat es soeben wieder erklärt, daß er den Krieg will. [...]. Herr Churchill sollte mir dieses Mal vielleicht ausnahmsweise glauben, wenn ich als Prophet jetzt Folgendes ausspreche: Es wird dadurch ein großes Weltreich zerstört werden. Ein Weltreich, das zu vernichten oder auch nur zu schädigen niemals meine Absicht war. [...]. In dieser Stunde fühle ich mich verpflichtet, vor meinem Gewissen noch einmal einen Appell an die Vernunft auch in England zu richten. Ich glaube dies tun zu können, weil ich ja nicht als Besiegter um etwas bitte, sondern als Sieger nur für die Vernunft spreche. Ich sehe keinen Grund, der zur Fortführung dieses Kampfes zwingen könnte. - Ich bedauere die Opfer, die er fordern wird. Auch meinem eigenen Volk möchte ich sie ersparen. Ich weiß, daß Millionen deutscher Männer und Jünglinge bei dem Gedanken glühen, sich endlich mit dem Feind auseinandersetzen zu können [...].“

  (Quelle: ***Jacobsen**, Hans-Adolf*: **1939-1945, Der Zweite Weltkrieg in Chronik und Dokumenten. Darmstadt**: Wehr und Wissen, Verlagsgesellschaft 1959, Seite 134).

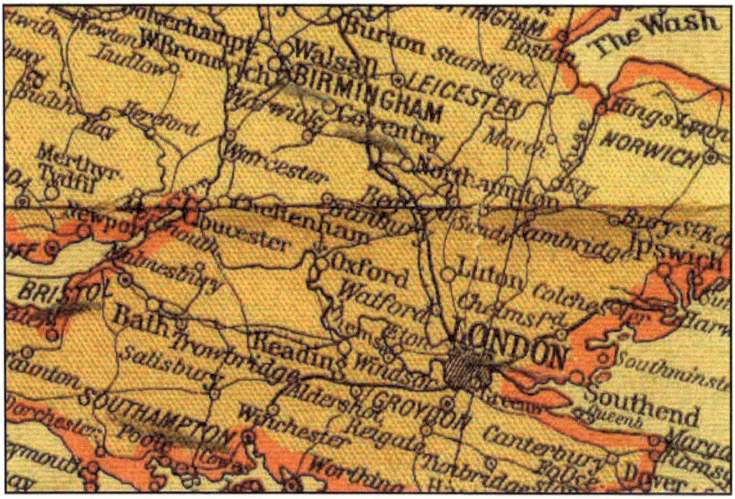

Ausschnitt aus meiner Europa-Karte. Hier hatte ich mit Bleistift die Orte unterstrichen, die zu Beginn des Kriegs gegen Großbritannien von der deutschen Luftwaffe bombardiert worden waren: London, Birmingham, Coventry und Southampton.

- Am 06. April 1941 beginnt nach einigen Monaten relativer Ruhe der Angriff auf Jugoslawien und Griechenland. Alle Feldzüge enden mit „Blitzsiegen“.
- Im Februar 1941 wird das „Deutsche Afrikakorps“ unter der Führung von General Rommel in Nordafrika eingesetzt. Nach anfänglichen Erfolgen endet dieser Feldzug am 13. Mai 1943 mit einer militärischen Niederlage.

Meine Europa-Karte – Polen gibt es nicht mehr! –,
die in meinem Zimmer hing und
in die ich die Gebietseroberungen der deutschen Wehrmacht eintrug.

Nur schwach zu sehen, oben in der Mitte: „H.G. Kraemer“.

Erinnerungssplitter aus der Jungvolkzeit von 1937 bis 1941

Wenn kein Tagebuch geführt wird oder sonstige Unterlagen nicht vorliegen, ist es schwierig, manche Erinnerungen chronologisch einzuordnen. Daher gebe ich im folgenden Abschnitt meine Erlebnisse ohne Anspruch auf genaue zeitliche Reihenfolge wieder.

Unsere Heimabende wurden anfangs in einem Keller des Hauses eines Zahnarztes abgehalten (heute Friedrich-Breuer-Straße 124 – das Haus wurde 2015 abgerissen und das Grundstück neu bebaut). Später trafen wir uns im neugebauten HJ-Heim. Ich sollte einmal einen Vortrag über das Leben von Albert Leo Schlageter halten. Vielleicht weil ich aus Düsseldorf kam. Ob ich ihn gehalten habe, weiß ich nicht mehr.

Wer war dieser Mann? – Schlageter trat 1922 der NSDAP bei und wurde 1923 von einem französischen Kriegsgericht wegen Attentaten gegen französische und belgische Besatzungstruppen während der Ruhrbesetzung zum Tod verurteilt und erschossen.

Nicht nur im Jungvolk machten wir Geländespiele, auch beim freien Spielen auf der Straße kämpften wir gegen Jungen, die in anderen Straßen wohnten. Es gab Gruppierungen, die ich als neu Zugezogener nicht so ganz begriffen habe. Hier fällt mir ein: Als ich in die Bonner Straße zog und mich zu den Nachbarschaftskindern gesellte, verlangte man von mir, mit einigen von den Jungen einen Ringkampf zu machen. Wer war der Stärkere? Der Rang in der Gruppe wurde vom Ausgang des Kampfes abhängig gemacht.

Das Spielen auf der Straße war ein alltäglicher Zeitvertreib und besonders an der Schienentrasse des Bröltalbähnchens, die unsere Straße querte, einfach toll. Auf den Straßen fuhren so gut wie keine Autos. Erst recht gab es keine parkenden Autos. Nur auf der Hauptstraße, die durch Beuel führte, begegnete man häufiger Autos. Ab und zu kam ein Radfahrer vorbei. Wir konnten also unbehelligt auf der Straße Rollschuh fahren, Fußball spielen usw. Wenn heute als Strafe von den Eltern Fernseh- oder Smartphone-Verbot erteilt wird, war es damals das Verbot, auf der Straße mit anderen Kindern zu spielen.

Gleich zu Anfang meiner Jungvolkzeit nahm ich mit elf oder zwölf Jahren an einem Zeltlager in Wiehl, südlich von Gummersbach, teil. Das war in meinem Alter damals ein besonderes Ereignis mit vielen abenteuerlichen Erlebnissen.

Helden- bzw. Totenfeiern fanden im damaligen Beueler Hofgarten neben dem alten Rathaus statt, wo das Denkmal des knienden trauernden Soldaten aus dem Ersten Weltkrieg noch stand. Dieses Denkmal steht jetzt auf dem Friedhof am Platanenweg.

Beuel am Rh., Partie aus dem Stadtgarten mit Kriegerdenkmal
Heute befindet sich an dieser Stelle der Plenarsaal der Beueler Bezirksvertretung

Hier erinnere ich mich an eine Gedenkfeier auf dem Küdinghovener Friedhof für den SA-Mann Klaus Clemens, der am 18. Dezember 1930 bei einer Auseinandersetzung zwischen Kommunisten und Nationalsozialisten vor der alten Beethovenhalle durch einen Pistolenschuss tödlich verletzt worden war. Er war der Namenspatron der am Ende des Krieges zerstörten Bonn-Beueler Rheinbrücke, heute unsere Kennedy-Brücke.

An irgendeinem Feiertag nahm ich mit unserem Fähnlein an einem Vorbeimarsch vor einem hohen NS-Führer teil. Wahrscheinlich war es der Gauleiter von Köln/Aachen, Josef Grohé. Ferner gingen wir bei jeder passenden Gelegenheit (z.B. Muttertag, Volkswohlfahrt, Winterhilfswerk) mit der Sammelbüchse herum. Die Geldspender erhielten ein Abzeichen. Als die Rohstoffe kriegsbedingt knapper wurden, mussten wir ebenfalls sammeln gehen. „Lumpen, Flaschen, Eisen und Papier, alles sammeln wir“, so sangen wir damals auf der Straße, als wir mit einem Leiterwagen herumzogen. Manchmal fügten wir – nicht ganz korrekt – hinzu, dass wir auch „ausgeschlagene Zähne“ sammeln.

Der Fähnleinführer hatte das Recht, uns Pimpfen bei einem Fehlverhalten das schwarze Halstuch (Teil der Uniform) für geraume Zeit als Bestrafung abzunehmen. Mir geschah das einmal und ich war sehr betroffen, weil ich es in meinem Fall als ungerechte Bestrafung ansah. Im Übrigen war mir dieser Vorgesetzte auch ohne diesen Vorfall unsympathisch.

Meine erste Beförderung war die zum Hordenführer. In diesem Zusammenhang bekam ich von meinem Jungenschaftsführer den Auftrag – wahrscheinlich war es 1939 – den monatlichen Mitgliedsbeitrag einzusammeln. Die Beitragshöhe betrug 1937 = 0,05 RM, 1938 = 0,25 RM und 1939 = 0,35 RM. Ein Brötchen kostete 0,03 RM. Es ist mir noch in Erinnerung geblieben, wie der Vater eines Pimpfs mich nicht freundlich empfangen hat. Er schimpfte und wollte nur ungern zahlen. Ich war darüber sehr erstaunt, weil diese Haltung für mich nicht in die damalige Zeit passte. Ich vermute, dass der Vater mit der Pflichtmitgliedschaft seines Sohnes im Jungvolk nicht einverstanden war.

In den Jahren 1938 oder 1939 durfte ich auch einmal Fahnenträger (Schwarzer Wimpel mit der weißen Sonnen- bzw. Siegrune an einem Speer befestigt) sein. Ich war entsprechend stolz darauf! Ferner spielte ich kurze Zeit im Fanfarenkorps Fanfare und schlug auch die Trommel.

Am 25. März 1939 wurde die allgemeine Jugenddienstpflicht in HJ und BDM (Bund Deutscher Mädel) – er gehörte auch zur Hitlerjugend – eingeführt.

Zu irgendeinem Tag in der Jungvolkzeit marschierten wir mit unserem Fähnlein – natürlich in Uniform – zur Bonner Beethovenhalle. Diese befand sich damals an der heutigen Berliner Freiheit auf der linken Seite vor der Brücke nach Beuel. Sie ist später durch Fliegerbomben zerstört worden und wurde nach dem Krieg an der heutigen Stelle am Rhein neu errichtet. Gegenüber befand sich die Ernst-Moritz-Arndt-Oberschule. In dieser Beethovenhalle also fand ein Konzert der berühmten Pianistin Elly Ney für die Bonner Hitlerjugend statt. Es war gerade ihr Anliegen, Beethovens Musik der Jugend zu vermitteln. Sie spielte seine Werke am Flügel und erklärte sie uns zwischendurch. (Nach dem Krieg durfte Elly Ney wegen ihrer Nähe zum NS-Staat einige Jahre nicht öffentlich auftreten. Durch den Einfluss von Frau Andernach – einer Freundin von Elly Ney – konnte sie Klavierkonzerte im katholischen Gemeindehaus Beuel geben. Bei dieser Gelegenheit sah und hörte ich sie wieder.)

Im Jahre 1940 wurde ich mit 12 Jahren zum Jungenschaftsführer befördert. Jetzt durfte ich eine kleine rot-weiße Schnur tragen.

Die „Führerschaft" des Jungzuges

Stehend von links: Gerhard Kraemer, Ernst (oder Engelbert) Eul, Jungzugführer Hospelt, rechts die beiden Jungs: Namen nicht mehr in Erinnerung, sitzend: Eibe Philips, Erich Eul, Friedhelm Blesse. Diese Aufnahme ist im Jahre 1940 neben dem HJ-Heim gemacht worden.

Nun gehörte ich zur Führerschaft und bekam einen Führerausweis. Leider habe ich diesen Ausweis später mit zum Militär genommen.

In der britischen Gefangenschaft mussten wir alle NS-Unterlagen - dazu gehörten auch Wehrpass und Soldbuch - abgeben. Auf Anordnung der Alliierten war es auch im Zivilbereich - also auch im Haushalt zu Hause - nicht erlaubt, NS-Schrifttum zu besitzen. Dieser Anordnung bin ich nach meiner Rückkehr aus der Internierung nicht nachgekommen. Ich habe meine Unterlagen aus dieser Zeit

„widerrechtlich“ aufbewahrt. Nur diesem Umstand ist es zu verdanken, dass ich heute einen einigermaßen authentischen Bericht erstellen kann.

Wer und was waren unsere Führer? Führer wurden in der Regel nur die „Besten“ von uns. Sie mussten neben gewissen körperlichen und geistigen Voraussetzungen eine Führungspersönlichkeit sein. Auf diesen Gebieten mussten sie sich auszeichnen und Vorbildcharakter haben. Die Akzeptanz der NS-Ideen war natürlich eine Selbstverständlichkeit. Zur Führungsriege gehörten u.a. Karl und Paul Niephaus, Ernst, Engelbert und Erich Eul. Ihr Vater war Sturmführer der Beueler SA, der nach dem Krieg nach Hamburg umgezogen ist. Erich ist nach dem Krieg Direktor bei der Rhenag geworden. Einer meiner Jungzugführer hieß Hospelt und war Sohn eines katholischen Lehrers. Einer meiner Fähnleinführer hieß Recktenwald. Beide sind aus dem Krieg - wie viele andere - nicht zurückgekehrt. In Beuel gab es noch ein zweites Fähnlein. Dieses traf sich auf dem Platz zwischen Agnesstraße und der heutigen Johann-Link-Straße. Dessen Führer war Paul Friese. Er ist nach dem Krieg Diplom-Handelslehrer geworden und hat an einer Schule im Westerwald unterrichtet. Alle kann man als „Idealisten“ ansehen.

Der Ortsgruppenleiter der NSDAP war Otto Klamp und der Leiter der Polizei war Wilhelm Fliersbach.

Infolge der Berufstätigkeit meiner Mutter hatte ich große Freiheit und Zeit zum Spielen. Sie hatte Wechseldienst beim Fernsprechamt Bonn. Das heißt, sie hatte abwechselnd Vormittags-, Nachmittags-, Doppel- und Nachtdienst. Beim Nachmittagsdienst kam sie erst gegen 22:00

Uhr nach Hause; ich manchmal auch erst kurz vorher und lag dann unauffällig „schon“ im Bett.

Noch ein Erinnerungssplitter
– amtlich dokumentiert –

Zum HJ-Heim fuhr ich gerne mit dem Fahrrad, das ich von meiner Mutter geschenkt bekommen hatte. Die meisten meiner Freunde besaßen kein Fahrrad. Deshalb nahm ich manchmal zwei Freunde mit, einen vorne auf der Stange, den anderen hinten auf dem Gepäckträger. Sobald ein Polizist in Sicht war, sprangen sie schnell ab, bevor dieser etwas bemerken konnte.

Aber manchmal siegte auch die Obrigkeit. Im November 1941 hielt mich abends der Polizeirevier-Oberwachtmeister Schwickerath auf der Adolf-Hitler-Straße (heute Friedrich-Breuer-Straße) in Beuel an, weil ich mit dem Fahrrad ohne Licht fuhr. Er erstattete Anzeige mit dem Ergebnis, dass ich vom Amtsgericht Bonn einen Strafbefehl erhielt, wonach ich eine Geldstrafe von 2 Reichsmark zu zahlen hatte. In einem Anschreiben wurde ich ermahnt, dass die Geldstrafe aus dem Taschengeld („Sonntagsgeld“) gezahlt werden sollte. Der Vorgang wird hier nachstehend dokumentiert. Er gibt ein bezeichnendes Bild von der NS-Zeit. Wenn schon solche kleinen Delikte so gründlich bestraft wurden, wie sehr mussten die Bürger mit der Härte der Justiz bei größeren Vergehen rechnen?

Der Bürgermeister
Kriminal - Abteilung

Beuel, den 30. 11. 41.

Vorladung.

Es ist eine Anzeige angegangen, über welche Ihre Vernehmung als Beschuldigter erforderlich ist.

Sie werden ersucht, zu diesem Zwecke am Dienstag den 2. Dez. 41 vormittags 16 Uhr auf dem Rathaus, Kriminalpolizei, Erdgeschoss zu erscheinen.

Betrifft: Anzeige gegen Sie wegen Verkehrs-Übertr.

Diese Vorladung ist mitzubringen.

Herrn
Frau Heinz Krämer
Frl. Vil-Rheindorf,
Bonnerstr. 37

I. A.
Krim. -Oberasst.

Die in anliegendem Strafbefehl festgesetzte Geldstrafe soll aus dem Taschengeld („Sonntagsgeld") des Bestraften bezahlt werden. Ist die Zahlung nicht auf einmal möglich, so kann sie in Teilbeträgen erfolgen. In diesem Falle hat der Bestrafte dem Jugendgericht mitzuteilen, wieviel Sonntagsgeld er bekommt und welche Raten er bezahlen will.–
Es ist nicht der Sinn dieses Strafbefehls, dass die Eltern dem Bestraften die Strafe bezahlen.
Der Bestrafte wird in seinem eigensten Interesse dringend davor gewarnt, über sein Sonntagsgeld dem Gericht unrichtige Angaben zu machen oder es sogar darauf ankommen zu lassen, an Stelle der Geldstrafe den Wochenendkarzer verbüssen zu müssen.

Das Jugendgericht.

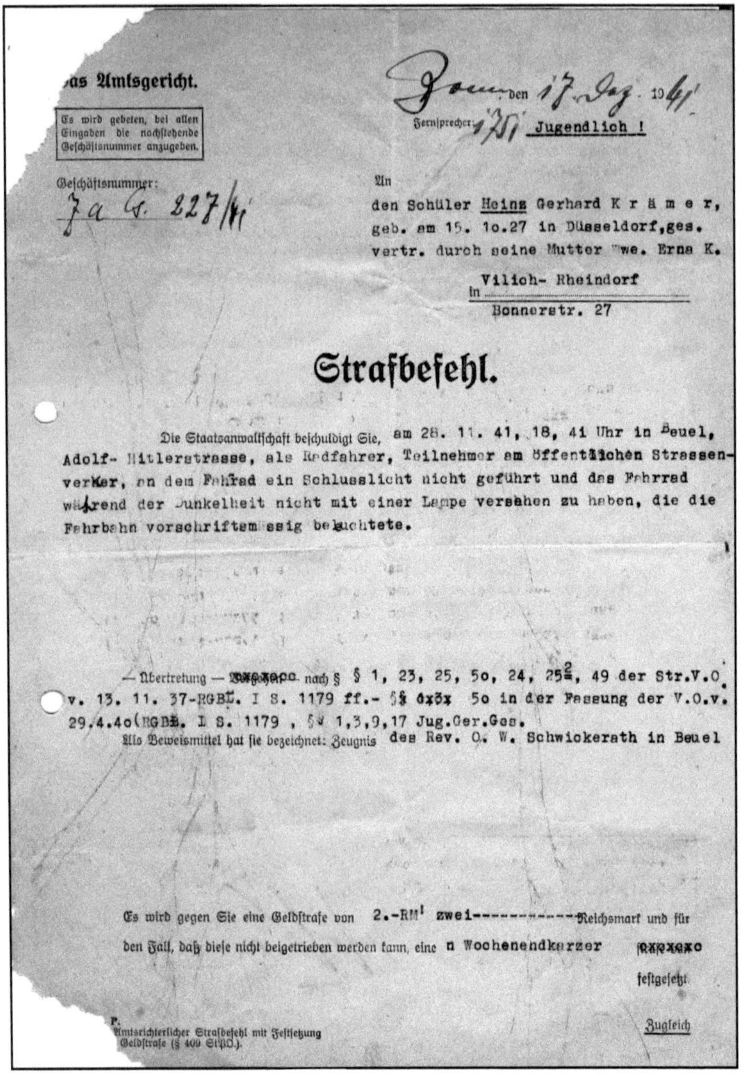

Das Amtsgericht.

Es wird gebeten, bei allen Eingaben die nachstehende Geschäftsnummer anzugeben.

Geschäftsnummer: Ja G. 227/41

Bonn, den 17. Dez. 1941.

Fernsprecher: 1751 Jugendlich !

An
den Schüler Heinz Gerhard K r ä m e r,
geb. am 15. 1o.27 in Düsseldorf,ges.
vertr. durch seine Mutter Wwe. Erna K.
in Vilich- Rheindorf
Bonnerstr. 27

Strafbefehl.

Die Staatsanwaltschaft beschuldigt Sie, am 28. 11. 41, 18, 41 Uhr in Beuel, Adolf- Hitlerstrasse, als Radfahrer, Teilnehmer am öffentlichen Strassenverkehr, an dem Fahrrad ein Schlusslicht nicht geführt und das Fahrrad während der Dunkelheit nicht mit einer Lampe versehen zu haben, die die Fahrbahn vorschriftsmässig beleuchtete.

— Übertretung — nach § § 1, 23, 25, 5o, 24, 25 2, 49 der Str.V.O. v. 13. 11. 37-RGBl. I S. 1179 ff.- §§ 5o in der Fassung der V.O.v. 29.4.4o(RGBl. I S. 1179 , §§ 1,3,9,17 Jug.Ger.Ges.

Als Beweismittel hat sie bezeichnet: Zeugnis des Rev. O. W. Schwickerath in Beuel

Es wird gegen Sie eine Geldstrafe von 2.-RM zwei------------Reichsmark und für den Fall, daß diese nicht beigetrieben werden kann, eine n Wochenendkarzer festgesetzt.

Zugleich

Amtsrichterlicher Strafbefehl mit Festsetzung Geldstrafe (§ 409 StPO.).

Auch der NS-Staat wollte aussehen wie ein Rechtsstaat.

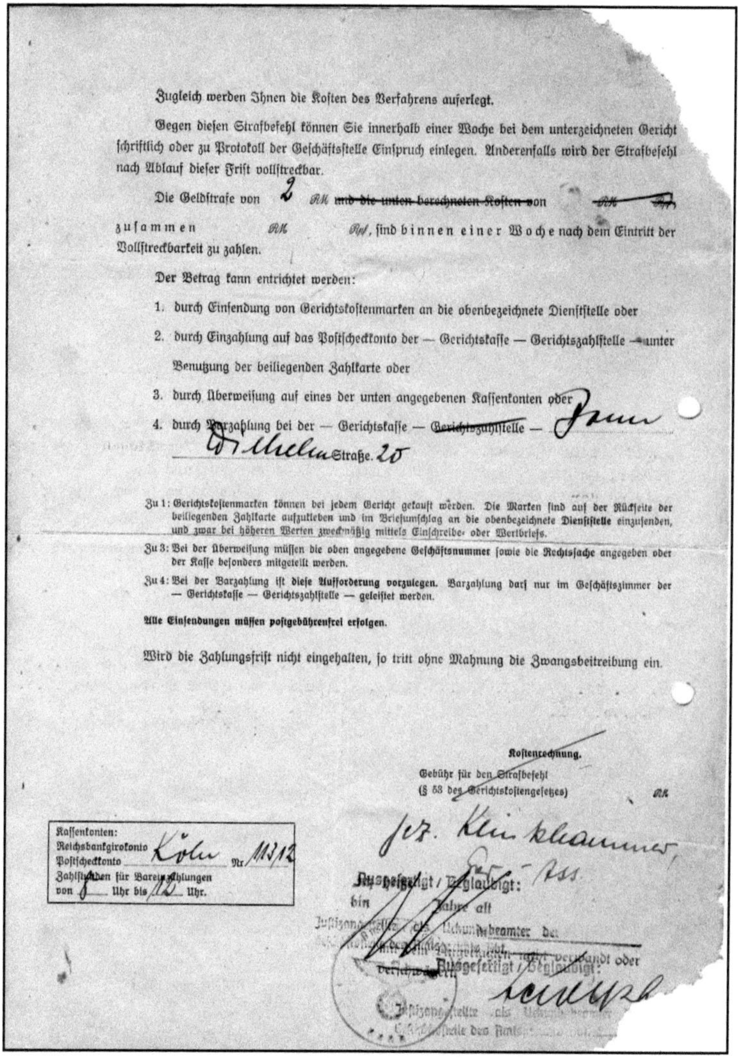

Zugleich werden Ihnen die Kosten des Verfahrens auferlegt.

Gegen diesen Strafbefehl können Sie innerhalb einer Woche bei dem unterzeichneten Gericht schriftlich oder zu Protokoll der Geschäftsstelle Einspruch einlegen. Anderenfalls wird der Strafbefehl nach Ablauf dieser Frist vollstreckbar.

Die Geldstrafe von 2 RM ~~und die unten berechneten Kosten von~~ ~~RM~~ ~~Rpf~~

zusammen RM Rpf, sind binnen einer Woche nach dem Eintritt der Vollstreckbarkeit zu zahlen.

Der Betrag kann entrichtet werden:

1. durch Einsendung von Gerichtskostenmarken an die obenbezeichnete Dienststelle oder
2. durch Einzahlung auf das Postscheckkonto der — Gerichtskasse — Gerichtszahlstelle — unter Benutzung der beiliegenden Zahlkarte oder
3. durch Überweisung auf eines der unten angegebenen Kassenkonten oder
4. durch Barzahlung bei der — Gerichtskasse — ~~Gerichtszahlstelle~~ — Dürener Wilhelm Straße. 20

Zu 1: Gerichtskostenmarken können bei jedem Gericht gekauft werden. Die Marken sind auf der Rückseite der beiliegenden Zahlkarte aufzukleben und im Briefumschlag an die obenbezeichnete **Dienststelle** einzusenden, und zwar bei höheren Werten zweckmäßig mittels Einschreibe- oder Wertbriefs.

Zu 3: Bei der Überweisung müssen die oben angegebene **Geschäftsnummer** sowie die **Rechtssache** angegeben oder der Kasse besonders mitgeteilt werden.

Zu 4: Bei der Barzahlung ist **diese Aufforderung vorzulegen.** Barzahlung darf nur im Geschäftszimmer der — Gerichtskasse — Gerichtszahlstelle — geleistet werden.

Alle Einsendungen müssen postgebührenfrei erfolgen.

Wird die Zahlungsfrist nicht eingehalten, so tritt ohne Mahnung die Zwangsbeitreibung ein.

~~**Kostenrechnung.**~~

~~Gebühr für den Strafbefehl~~
~~(§ 53 des Gerichtskostengesetzes)~~ RM

Kassenkonten:
Reichsbankgirokonto
Postscheckkonto Köln Nr 11312
Zahlstunden für Bareinzahlungen
von 8 Uhr bis 12 Uhr.

gez. Klinkhammer,
Ger.-Ass.

Ausgefertigt / Beglaubigt:

Justizangestellte als Urkundsbeamter der Geschäftsstelle des Amtsgerichts.

Vier Stempel und zwei Unterschriften

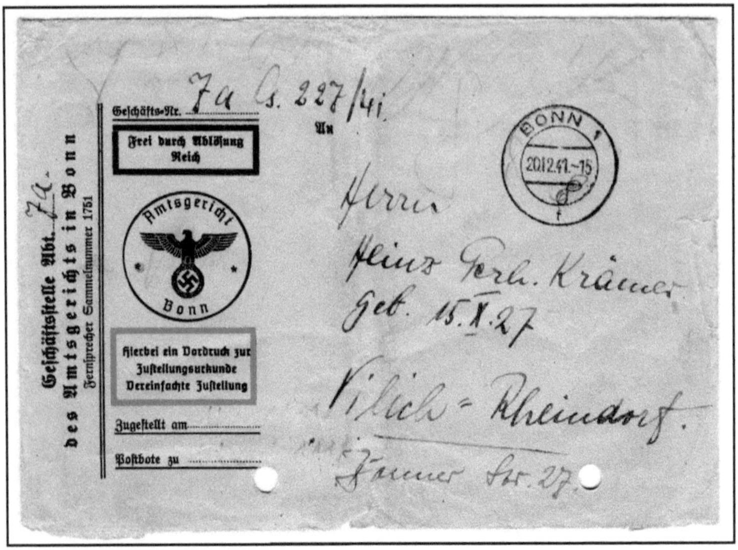

Geschäftsstelle Abt. Ia
des Amtsgerichts in Bonn
Fernsprecher Sammelnummer 1751

Geschäfts-Nr. Ia Cs. 227/41.

An

Frei durch Ablösung Reich

Hierbei ein Vordruck zur Zustellungsurkunde
Vereinfachte Zustellung

Zugestellt am

Postbote zu

Herrn
Heinz Gerh. Krämer
Geb. 15.X.27
Vilich-Rheindorf.

Ein Bild von mir aus dem Jahr 1941

Ich präsentiere diesen Strafbefehl so umfangreich und ausführlich, weil das Ereignis für mich schon ein einschneidendes Erlebnis war: Zum ersten Mal in meinem Leben kam ich persönlich und unmittelbar mit der Staatsgewalt in Berührung.

V. Flieger-HJ 1941 bis 1943

Freie Wahl

Beim Übergang vom Jungvolk zur HJ (im engeren Sinne) im Alter von 14 Jahren konnte jeder Junge entscheiden, welcher Formation der HJ er sich je nach Neigung und Interesse anschließen wollte. Er konnte wählen zwischen: Stamm-HJ, Flieger-HJ, Marine-HJ, Motor-HJ, Nachrichten-HJ und Reiter-HJ. Die Farbe der Schulterklappen an der Uniform war unterschiedlich.

Daneben gab es noch die Pflicht-HJ für Jungen, die in keine der Gliederungen eintreten wollten oder sich sträubten, pflichtgemäß den HJ-Dienst zu leisten. Eine Sonderstellung nahm der HJ-Streifendienst ein. Er überwachte das Auftreten der Jugendlichen in Bezug auf Einhaltung der Vorschriften (z.B. Dienstanzug, Besuch von Lokalen, Filmtheatern usw.).

Bereits seit dem Jahre 1940 kaufte ich mir bis 1944 alle 14 Tage für 20 Pfennig die Zeitschrift „Der Adler“, herausgegeben unter der Mitwirkung des Reichsluftfahrtministeriums. Es gab auch noch die Zeitschriften „Die Kriegsmarine“ und „Die Wehrmacht“, herausgegeben vom Oberkommando der Wehrmacht. Mir liegen noch einige Exemplare vor. Von den drei Waffengattungen hat die Luftwaffe auf mich den größten Eindruck gemacht. Ich wollte natürlich Flugzeugführer werden. Bei der Wahl, in welche Abteilung der HJ ich eintreten sollte, kam für mich nur die Flieger-HJ in Betracht, in die ich dann auch am 1. April 1941 eintrat. Ich wollte etwas Neues erleben.

Ich als Hinterjunge in der Uniform der Flieger-HJ
1941
Das Abzeichen auf der linken Brustseite ist ein falsch gewinkeltes Hakenkreuz aus Plastik, das aus einer Straßensammlung mit Abzeichenverkauf stammt.

Überfall auf die Sowjetunion am 22. Juni 1941

Am 22. Juni 1941 griff Hitler mit der deutschen Wehrmacht die Sowjetunion an. Da wir alle mit der Idee von der Erweiterung des Lebensraumes im Osten infiziert waren und der Kommunismus bzw. Bolschewismus neben dem „Judentum“ der Hauptfeind der Nationalsozialisten war, kann ich mir kritische Überlegungen in der Bevölkerung über diesen Schritt kaum vorstellen. An einer großen Wandkarte von Europa (s.S. 106), die ich bei uns im Wohnzimmer aufgehängt hatte, habe ich den Verlauf der Ostfront laufend verfolgt und mit Fähnchen eingetragen.

Die Verbündeten von Deutschland waren Japan, Italien, Finnland, Slowakei, Kroatien, Ungarn, Rumänien und Bulgarien. Neutral blieben die Schweiz, Schweden, Spanien und Portugal.

Tränen wegen „des baldigen siegreichen Ende des Krieges“

Bis zum Herbst 1941 überschlugen sich die Erfolgsmeldungen der deutschen Wehrmacht: Leningrad war fast vollständig eingeschlossen, Kiew war erobert, die Truppen standen vor Moskau. Am 03. Oktober 1941 behauptete Hitler in der Rede zur Eröffnung des „Winterhilfswerks“, die Sowjetunion sei geschlagen, sie werde sich nie mehr erheben.

Das „Winterhilfswerk“ war eine 1933 geschaffene soziale Hilfsaktion, die bedürftige „Volksgenossen“ unterstützte. Die Mittel wurden jährlich in den Monaten Oktober bis März durch Geldspenden, Straßensammlungen, Lebensmittelspenden, Kleidersammlungen, Lose und die Ausgabe von Sonderbriefmarken aufgebracht.

Es muss um diese Zeit gewesen sein, als ich mich abends – vielleicht sogar nach jener Rede – weinend aufs Bett warf und meiner Mutter gegenüber klagte, der Krieg werde ohne meine Beteiligung und meinen Einsatz zu Ende gehen. Ich war unglücklich. – Was heißt das? Ich befand mich ganz auf der Linie der NS-Ideologie. Ich konnte es nicht abwarten, Soldat zu werden, genauso, wie es die NS-Ideologie erwartete und verlangte. Meine Mutter wird mich irgendwie getröstet haben, aber innerlich sicherlich froh gewesen sein, mich noch zu behalten. Meine Sorge war jedoch umsonst, denn ich sollte den Kriegseinsatz noch kennenlernen und erleben.

Ende der „Blitzkriege“ im Winter 1941/1942

Als sich das deutsche Heer im November 1941 vor Moskau festrannte, war die Blitzkriegsstrategie, mit der Hitler seine eindrucksvollen Siege verzeichnen konnte, gescheitert und zu Ende. Bei dieser nicht erwarteten Entwicklung – so meine ich – müsste Hitler tief im Inneren erkannt haben, dass der Krieg nach und mit seiner bisherigen Strategie nicht mehr zu gewinnen war. Andererseits kam nach seiner verkündeten und gelebten Weltanschauung ein Aufgeben und erst recht eine Kapitulation für ihn nicht in Frage. Diese Haltung behielt er auch bei, als die Kriegslage schließlich vollkommen hoffnungslos geworden war. Bis zu seiner Selbsttötung am 30. April 1945 wollten er und viele seiner „Getreuen“ die sich abzeichnende Niederlage Deutschlands und des Nationalsozialismus nicht wahrhaben!

Dass im Jahre 1941 der erwartete schnelle Sieg über die Sowjetunion nicht erzielt werden konnte, begründete die

NS-Propaganda mit dem Einbruch des extrem kalten Winters. Damit spielte sie die Bedeutung des Endes der Blitzkriegsära herunter und versuchte, den Glauben an den Sieg in der Bevölkerung im Wesentlichen weiter aufrechtzuerhalten. Dieser Glaube wurde unterstützt durch die siegreichen Eroberungen der Wehrmacht im Sommer 1942, z.B. von Sewastopol auf der Krim und durch den Vorstoß bis zum Kaukasus.

Das Verhältnis zu den Juden und anderen Verfolgten

Hitler verkündete in einer öffentlichen Rede vor dem Reichstag am 30. Januar 1939:

„Ich will heute wieder ein Prophet sein: Wenn es dem internationalen Finanzjudentum in- und außerhalb Europas gelingen sollte, die Völker noch einmal in einen Weltkrieg zu stürzen, dann wird das Ergebnis nicht die Bolschewisierung der Erde und damit der Sieg des Judentums sein, sondern die Vernichtung der jüdischen Rasse in Europa.“

Nicht das Finanzjudentum, sondern Hitler begann und stürzte Deutschland in einen Zweiten Weltkrieg und war dabei fest davon überzeugt, ihn mit einem Sieg Deutschlands beenden zu können. Als die Siegesserie jedoch Ende 1941 im Krieg gegen die Sowjetunion abbrach, musste er seine Voraussage über die Vernichtung der Juden umso mehr in die Tat umsetzen, wenn er – nach meiner Ansicht – geahnt haben könnte, der Krieg wird nicht mehr zu gewinnen sein.

In diesem Zusammenhang sehe ich die „Wannsee-Konferenz“ vom 20. Januar 1942, auf der die „Endlösung der Judenfrage“ verwaltungsmäßig in Angriff genommen wurde. Die Durchführung fand vorwiegend in den östlichen Besatzungsgebieten statt. Von der Konferenz, der geplanten Umsiedlung und Vernichtung der Juden stand natürlich nichts in der Presse, noch hörte man im Rundfunk etwas darüber. Die laufende Diskriminierung und Entrechtung der Juden war allgemein bekannt und fand zum Teil Zustimmung oder traf zum Teil auf Interesselosigkeit in der Bevölkerung. Die Zahl der im Jahre 1941 noch in Deutschland – ohne Österreich – lebenden Juden lag unter 200.000.

(Quelle: ***Ploetz***, **Das Dritte Reich**, Freiburg 1983, S. 102).

Ich frage mich: Was wäre passiert, wenn öffentlich bekannt gemacht worden wäre, dass die Juden im Osten systematisch vernichtet wurden?

Ich vermute: Viele überzeugte und fanatische Nationalsozialisten hätten keine Bedenken gehabt. Viele weniger fanatische NS-Anhänger hätten Bedenken gehabt, etliche andere hätten an der Rechtmäßigkeit des Regimes gezweifelt und ihre Haltung zu Hitler geändert.

Ich meine: Dieses Risiko wollte die Führung des Staates nicht eingehen. Sie wusste, was sie tat. Und sie wusste, dass ihr Tun den Glauben an die Legitimität ihrer Herrschaft erschüttern würde. Deshalb hüllten sie es in hermetisches Verschweigen.

Ich kann mich nur noch an zwei ältere Jüdinnen erinnern, die in unserer Nachbarschaft in der Combahnstraße 45 wohnten. Wahrscheinlich sind sie in der Zeit von August 1941 bis Februar 1942 – wie fast alle ca. 55 in Beuel noch lebenden jüdischen Menschen – nach Bonn in das Sammellager auf der Kapellenstraße 6 transportiert worden. Es handelt sich hierbei um das Kloster der Benediktinerinnen „Zur ewigen Anbetung“. Von September 1941 an mussten alle jüdischen Bürger einen gelben Stern tragen. Auf Grund unserer Erziehung durch Elternhaus, Schule und Staat hatten wir Vorbehalte gegenüber Juden. Noch schlimmer waren für uns Kommunisten. Aber die gab es nicht mehr bzw. stellten sich nirgendwo dar. Auch waren wir mittlerweile irgendwie rassistisch eingestellt worden. Denn ich entsinne mich an zwei dunkelhäutige, ca. 20 Jahre alte Mädels in unserem Stadtteil. Es hieß, sie seien das Ergebnis der französischen Besatzung nach dem Ersten Weltkrieg. Ich sah sie mit gemischten Gefühlen an, denn sie waren auch sehr hübsch. Was mit ihnen passiert ist, weiß ich nicht.

Ich entsinne mich an einen Mitschüler in der 5. Volksschulklasse - also 1938/1939 - namens Günter Israel aus Neu-Vilich. Mich hat damals der Name berührt. War er Jude? Wahrscheinlich nicht. - Am 21. Februar 2011 habe ich seine Frau angerufen. Günter ist vor neun Jahren gestorben. Sie erzählte mir, dass man in der NS-Zeit Günters Vater nahegelegt habe, den Namen zu ändern. Er hat es aber nicht getan.

Mir war bekannt, dass es Konzentrationslager (KZ) gab. Nach meinem damaligen Wissen mussten diejenigen, die sich kritisch gegenüber dem nationalsozialistischen Staat äußerten, mit einer Einlieferung in ein KZ rechnen. Von Vernichtungslagern war mir und meiner Familie nichts bekannt.

HIER WOHNTE
MOSES HERZ
JG. 1863
DEPORTIERT 1942
THERESIENSTADT
TOT AM
12.6.1943

Heute befindet sich vor dem Haus Combahnstraße 45 nur ein Stolperstein, der an einen jüdischen Bewohner dieses Hauses erinnert. In diesem Haus wohnten aber mehrere jüdische Familien. Wahrscheinlich gehörten die beiden älteren Damen zu diesen Familien.

Meine Konfirmations-Kirche

Die evangelische Versöhnungskirche in der Neustraße Foto 2008 (An der Ecke mit Rosen geschmückt ein Kriegerdenkmal)

Konfirmation an Palmsonntag 1942

Seit Ende 1935 wohnte ich in Beuel. In den ersten Jahren hielt meine Mutter mich an, sonntags um 11:00 Uhr in die Kirche – das ist heute die Versöhnungskirche – zu gehen. Der Kindergottesdienst wurde von den Diakonissen-Schwestern Anna und Maria in schwarzer Tracht und weißer Haube abgehalten.

Von Ostern 1940 an hätte eigentlich der Katechumenen-Unterricht beginnen müssen. Er fiel aber aus irgendwelchen Gründen aus, sodass wir erfreulicherweise nur ein

Jahr Konfirmandenunterricht hatten. Unser Pfarrer hieß Bork. Er trug das Parteiabzeichen und war Mitglied im NSKK (Nationalsozialistischen Kraftfahrkorps). In dieser Eigenschaft musste er natürlich zum Dienst in Uniform durch Beuel gehen. Pfarrer Winheller erwähnte diese Tatsache mir gegenüber am 19. Oktober 2008. Ich habe Pfarrer Bork nie in Uniform gesehen.

Er muss – nach meinem heutigen Wissen – zu den „Deutschen Christen" gehört haben und nicht zur *Bekennenden Kirche*. Die „Deutschen Christen" verfolgten nationalkirchliche Ziele und standen der Herrschaft des Nationalsozialismus im Gegensatz zur *Bekennenden Kirche* positiv gegenüber. Der Begriff „Bekennende Kirche" war mir damals nicht bekannt. Von einem Widerstand der evangelischen Kirche gegen den Staat habe ich nichts mitbekommen, auch nichts von den theologischen Auseinandersetzungen in Teilen der evangelischen Kirche. Wie das Beueler Presbyterium gedacht hat, ist mir nicht bekannt.

In jedem Gottesdienst wurde für unseren „Führer" gebetet. Einmal mussten wir im Konfirmandenunterricht einen Text aus der Bibel, der sich nicht reimte, auswendig lernen. Ich empfand das als Zumutung. Ein anderes Mal fragte uns der Pfarrer, an welchen Uniformabzeichen man einen General erkennen könne. Das war mein Thema und ich konnte mit der Antwort glänzen. An der öffentlichen Prüfung vor der Gemeinde brauchte ich wegen Krankheit nicht teilzunehmen.

Einige Zeit zuvor hatte ich mir ein kleines silbergraues Kaninchen angeschafft. Ich baute einen Stall im Hof und nannte es „Inge". Allerdings nahm meine Fürsorge im sehr kalten Winter 1941/1942 etwas ab. Mein Onkel Wilhelm aus Holzlar nahm das Tier in Pflege, mästete und schlachtete es zu meiner Konfirmation. Als ich an der Festtafel saß und erfuhr, dass der Festbraten meine „arme Inge“ war, verging mir der Appetit auf den Braten und ich habe nichts davon gegessen.

Konfirmationsgesellschaft
von links: Tante Meta, Onkel Henneberger (Vater von Tante Luise), Konfirmand, Frau Luge (Mitbewohnerin), Cousine Margretchen, Onkel Gerhard, Tante Traudchen (Schwester meines Vaters), meine Mutter, Rosemarie (Tochter von Frau Luge), Onkel Wilhelm (Bruder meines Vaters), Tante Klara (Schwester von Tante Luise), Tante Luise

Nach der Konfirmation habe ich mir wegen mancher Glaubensaussagen vorgenommen, nicht mehr zur Kirche zu gehen. Nach dem Krieg hat sich bei mir jedoch ein großes Interesse an religiösen Fragen herausgebildet.

Im Sommer 1942 verbrachte ich meine Ferien durch Vermittlung von Pfarrer Bork auf dem Hof des Bauern Timmermann in Marienbaum bei Xanten im Ernteeinsatz. Die Arbeit war nicht leicht. Hier durfte ich zum ersten Mal reiten. Auf dem Hof lebten auch zwei französische Kriegsgefangene. Sie aßen in der großen Küche an einem besonderen Tisch und wurden ansonsten wie normale Landarbeiter behandelt.

Am Tag meiner Konfirmation
vor der Haustür Bonner Straße 37
heute: Rheindorfer Straße 81

Das Haus Bonner Straße 37. Wir wohnten in der ersten Etage, Familie Küppers in der zweiten und nach dem Krieg im Erdgeschoss.

Ich, Gerhard Kraemer, im Jahr 2020 vor demselben Hauseingang.

Dienst in der Flieger-HJ

Das Heim der Flieger-HJ befand sich in Beuel in einem Anbau des Mehlemschen Hauses zur Brücke hin. Woran erinnere ich mich noch besonders?

An einen Liederabend, bei dem unserem Scharführer ein falsch singender Junge auffiel. Er hörte jeden ab. Als er zu mir kam, hatte er in mir den unmusikalischen Sänger entdeckt. Er befahl mir, vor die Schar zu treten und alleine ein Lied zu singen. Ich sang irgendein Kinderlied und alle brachen in Gelächter aus. Es war mir sehr peinlich und ich fühlte mich blamiert. In Zukunft habe ich beim Singen in einem geschlossenen Raum lieber geschwiegen.

Zu Hause sollten wir ein Modell eines Segelflugzeuges bauen. Ich bin über die Anfänge nicht hinausgekommen. Ab und zu traf sich unsere Gefolgschaft sonntags auf der Konviktstraße, um in einem Hörsaal der Universität den Vortrag eines Angehörigen des NS-Fliegerkorps zu hören. Er sprach zu irgendeinem Thema aus der Fliegerei, aber auch zur NS-Ideologie. Dabei ist mir der Ausdruck „ausmerzen“ in Erinnerung geblieben, den er im Zusammenhang mit Gegnern des Nationalsozialismus benutzte.

Eine Einladung zum Flieger-HJ-Dienst am 01. November 1942 liegt mir noch vor. Sie ist nachstehend abgelichtet. Darin kommt zum Ausdruck, dass der größte Teil der Jungen es nicht für nötig hielt, seiner Dienstpflicht in der Flieger-HJ zu genügen oder eine Entschuldigung zu senden; man habe bisher von einer „Heranziehung durch die Polizei“ abgesehen. Ferner wurde mit einer Überweisung zur allgemeinen Hitlerjugend gedroht.

Auch im Funkdienst (Morsen) wurden wir ausgebildet. Er fand im Postgebäude in Beuel, damals gegenüber dem Rathaus, statt.

Ein Konzertprogramm, das ich noch besitze, erinnert mich an einen Besuch der Beethovenhalle in Bonn. Dort fand am Sonnabend, dem 17. April 1943, eine Aufführung des Chores und des Orchesters der Bonner Hitlerjugend statt. Es wurden Werke von Schubert, Schumann, Rein und Bresgen aufgeführt.

N S D A P
Hitler-Jugend
Fliegergefolgschaft 1/160
Bonn/Beuel, Rheinstraße 25

Bonn, den 1. November 1942

An alle Angehörigen der Fliegergefolgschaft 1/160

Die letzten Dienste unserer Formation wurden immer nur von einem Teil der Jg. besucht. Es waren immer die gleichen, welche zum Dienst erschienen. Der weitaus größte Teil der Jg. hielt es aber nicht für notwendig, seiner Dienstpflicht in der Hitler-Jugend zu genügen oder bei evtl. Krankheit und sonstiger Verhinderung eine Entschuldigung zu senden.

Wir haben bisher von einer Heranziehung durch die Polizei abgesehen und hoffen, daß es durch dieses Rundschreiben auch weiterhin möglich ist, darauf zu verzichten.

Ihr seid nämlich freiwillig in diese Formation eingetreten und habt ja vorher gewußt, daß der Dienst in einer Sonderformation vielseitiger ist als in der allgemeinen HJ.

Die Beteiligung an den Funkdiensten läßt auch zu wünschen übrig. Es liegt auch hier nur an Euch, daß bisher nur so wenige den Funkschein gemacht haben.

Am Sonntag, den 15. November 1942 findet um 9^{00} Uhr an der Konviktstraße ein Dienst statt, zu welchem der Gebietsinsp. Rohscheid erscheinen wird.

Durch dieses Rundschreiben sind nun alle Jg. benachrichtigt. Wer daher zu diesem Dienst am 15. ds. Mts. unentschuldigt nicht erscheint, wird rücksichtslos überwiesen, denn er hat durch sein Nichterscheinen bewiesen, daß er kein Interesse mehr an der Zugehörigkeit zur Fliegergefolgschaft hat.

Heil Hitler!

Der Führer der Fliegergefolgschaft 1/160 Bonn/Beuel

gez. (Grebel)
(Kafü.)

f.d.R. Der Hauptscharführer der FHJ 1/160

(van Hauten)
O'rottenf.

Erläuterung: Kafü. = Kameradschaftsführer
O'rottenf. = Oberrottenführer

Kultur in Bonn von und für Hitlers Jugend

Ausführlich dokumentiere ich hier das große Konzert der Bonner Hitler-Jugend, an dem ich teilgenommen habe, weil die Autoren der Kunstwerke, die in Musik und Wort vorgetragen wurden, das hohe künstlerische Niveau dieser Veranstaltung zeigen: *Franz Schubert, Robert Schumann, Chopin, Eichendorff, Rückert, Fontane, Grimm.*

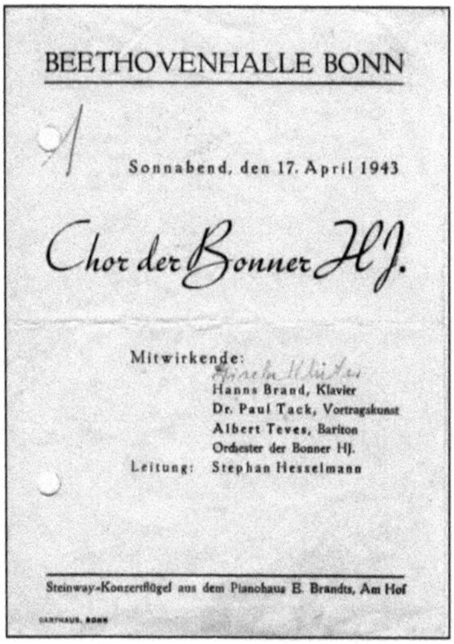

BEETHOVENHALLE BONN

Sonnabend, den 17. April 1943

Chor der Bonner HJ.

Mitwirkende:
Hanns Brand, Klavier
Dr. Paul Tack, Vortragskunst
Albert Teves, Bariton
Orchester der Bonner HJ.
Leitung: Stephan Hesselmann

Steinway-Konzertflügel aus dem Pianohaus B. Brandts, Am Hof

Zur damaligen Stimmung muss man sich vergegenwärtigen, dass das Konzert wenige Wochen nach der Katastrophe von Stalingrad (November 1942 - Januar 1943) stattfand.

Die Beethoven-Halle stand damals an der Auffahrt zur heutigen Kennedy-Brücke zwischen den heutigen Hotels HILTON und ONE.

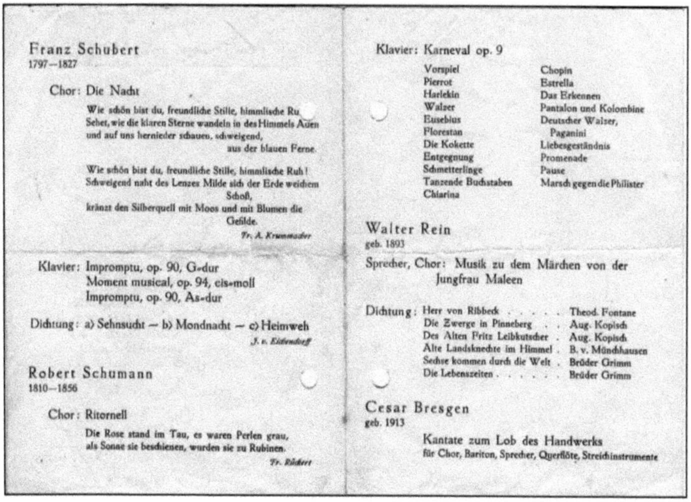

Franz Schubert
1797—1827

Chor: Die Nacht

Wie schön bist du, freundliche Stille, himmlische Ru
Sehet, wie die klaren Sterne wandeln in des Himmels Auen
und auf uns hernieder schauen, schweigend,
aus der blauen Ferne.

Wie schön bist du, freundliche Stille, himmlische Ruh!
Schweigend naht des Lenzes Milde sich der Erde weichem Schoß,
kränzt den Silberquell mit Moos und mit Blumen die Gefilde.

Fr. A. Krummacher

Klavier: Impromptu, op. 90, G-dur
Moment musical, op. 94, cis-moll
Impromptu, op. 90, As-dur

Dichtung: a) Sehnsucht — b) Mondnacht — c) Heimweh

J. v. Eichendorff

Robert Schumann
1810—1856

Chor: Ritornell

Die Rose stand im Tau, es waren Perlen grau,
als Sonne sie beschienen, wurden sie zu Rubinen.

Fr. Rückert

Klavier: Karneval op. 9

Vorspiel
Pierrot
Harlekin
Walzer
Eusebius
Florestan
Die Kokette
Entgegnung
Schmetterlinge
Tanzende Buchstaben
Chiarina
Chopin
Estrella
Das Erkennen
Pantalon und Kolombine
Deutscher Walzer, Paganini
Liebesgeständnis
Promenade
Pause
Marsch gegen die Philister

Walter Rein
geb. 1893

Sprecher, Chor: Musik zu dem Märchen von der Jungfrau Maleen

Dichtung:
Herr von Ribbeck . . . . . . Theod. Fontane
Die Zwerge in Pinneberg . . Aug. Kopisch
Des Alten Fritz Leibkutscher . Aug. Kopisch
Alte Landsknechte im Himmel . B. v. Münchhausen
Sechse kommen durch die Welt . Brüder Grimm
Die Lebenszeiten . . . . . . Brüder Grimm

Cesar Bresgen
geb. 1913

Kantate zum Lob des Handwerks
für Chor, Bariton, Sprecher, Querflöte, Streichinstrumente

Am 05. Juli 1943 erhielt ich endlich die ersehnte Aufforderung, an einem Segelfluglehrgang vom 21. Juli bis 12. August 1943 in Schwerfen bei Zülpich teilzunehmen. Ich wollte mit dem Schulgleiter 34 den A-Schein machen. Aus irgendwelchen Gründen kam ich vier Tage später an und zwar an einem Sonntag. Vom Bahnhof Zülpich musste ich bei großer Hitze mit dem Koffer nach Schwerfen laufen.

Am Montag ließ uns der Schulleiter antreten und anstelle von Flugbetrieb wurden wir mit wütendem Gebrüll geschliffen: „Im Laufschritt marsch, marsch; hinlegen, aufstehen, weiterlaufen, hinlegen“ usw. Es war wirklich schlimm und neu für mich, noch dazu, dass ich mir keiner Schuld bewusst war. Irgendeine „Disziplinlosigkeit“ muss vorher in der Segelschule vorgefallen sein. Anschließend eröffnete mir der Schulleiter, dass ich am Lehrgang nicht teilnehmen könne. Vermutlich reichten ihm die Angaben im Flugbuch nicht aus oder/und es war das verspätete Erscheinen. Ich musste am nächsten Tag wieder nach Hause fahren. Meine Enttäuschung war in jeder Hinsicht sehr groß.

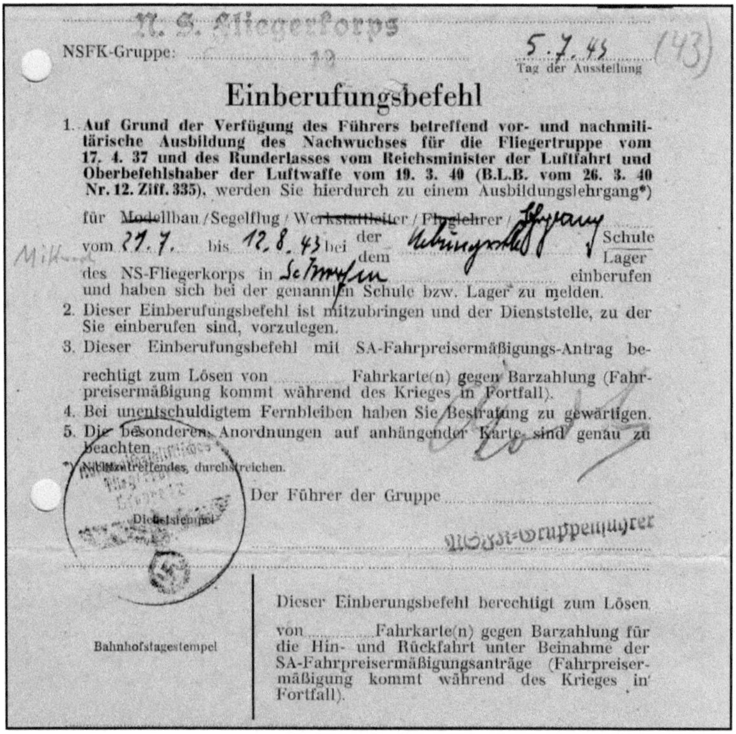

N. S. Fliegerkorps

NSFK-Gruppe: 13 5.7.43 Tag der Ausstellung (43)

Einberufungsbefehl

1. **Auf Grund der Verfügung des Führers betreffend vor- und nachmilitärische Ausbildung des Nachwuchses für die Fliegertruppe vom 17. 4. 37 und des Runderlasses vom Reichsminister der Luftfahrt und Oberbefehlshaber der Luftwaffe vom 19. 3. 40 (B.L.B. vom 26. 3. 40 Nr. 12. Ziff. 335)**, werden Sie hierdurch zu einem Ausbildungslehrgang*) für ~~Modellbau~~ /Segelflug / ~~Werkstattleiter~~ / ~~Fluglehrer~~ / vom 27. 7. bis 12. 8. 43 bei der/dem Schule/Lager des NS-Fliegerkorps in [illegible] einberufen und haben sich bei der genannten Schule bzw. Lager* zu melden.
2. Dieser Einberufungsbefehl ist mitzubringen und der Dienststelle, zu der Sie einberufen sind, vorzulegen.
3. Dieser Einberufungsbefehl mit SA-Fahrpreisermäßigungs-Antrag berechtigt zum Lösen von .... Fahrkarte(n) gegen Barzahlung (Fahrpreisermäßigung kommt während des Krieges in Fortfall).
4. Bei unentschuldigtem Fernbleiben haben Sie Bestrafung zu gewärtigen.
5. Die besonderen Anordnungen auf anhängender Karte sind genau zu beachten.

*) Nichtzutreffendes durchstreichen.

Dienststempel

Der Führer der Gruppe

NSFK-Gruppenführer

Bahnhofstagestempel

Dieser Einberungsbefehl berechtigt zum Lösen von .... Fahrkarte(n) gegen Barzahlung für die Hin- und Rückfahrt unter Beinahme der SA-Fahrpreisermäßigungsanträge (Fahrpreisermäßigung kommt während des Krieges in Fortfall).

Edelweißpiraten

Das NS-Fliegerkorps (wahrscheinlich zusammen mit der Flieger-HJ) verfügte in der Kommanderiestraße in der Bonner Altstadt über einen Lagerraum mit Werkstatt für große Segelflugzeuge. Dort konnten oder mussten wir zur Weiterbildung Arbeitsstunden ableisten. Sie fanden wahrscheinlich im Winter 1942/1943 statt. Uns wurde nahegelegt, abends nur zu zweit oder dritt und nicht in Uniform in die Altstadt zu gehen. Der Grund waren oppositionelle Jugendliche, die Hitlerjungen angriffen. Darunter fielen auch die sogenannten Edelweißpiraten, von denen ich damals zum ersten Mal hörte. Sie sollten sich im Siebengebirge getroffen haben und vorwiegend aus Köln stammen. Auch sollte es zu Schlägereien mit der HJ gekommen sein. Zu der damaligen Zeit war ich über eine Widerstandsgruppe gegen die HJ sehr überrascht, fand es aber irgendwie interessant.

Wende des Krieges durch den Ausgang der Schlacht um Stalingrad 31. Januar/2. Februar 1943

Im Herbst 1942 begann der Kampf um Stalingrad, der nach der Einkesselung der deutschen Truppen durch die Sowjetarmee mit der Teilvernichtung und Kapitulation der 6. Armee der deutschen Wehrmacht am 31. Januar bzw. 02. Februar 1943 endete. Für mich – ich war 15 Jahre alt – bedeutete das die erste Niederlage, die unsere nur Siege erringende Wehrmacht erlitten hatte. Eine Welt stürzte zusammen. Nach dieser Niederlage traten bei mir Zweifel an einem deutschen Sieg auf.

Aber die offiziellen Stellen wie Regierung, Rundfunk und Zeitungen verdrängten diese Niederlage durch wirkungsvolle Propaganda. Ihr Tenor lautete: In Stalingrad siegte die Tapferkeit unserer Soldaten und der baldige Einsatz einer Wunderwaffe werde am Ende den Sieg bringen. Diese Propaganda erzielte ihre Wirkung. Auch ich verdrängte meine Zweifel und vertraute dem NS-System fast bis zum Ende des Krieges. Unterstützt wurde meine Haltung auch durch mein Umfeld.

Dabei dachte ich auch an das Schicksal von Friedrich II.: „Als im Siebenjährigen Krieg Preußen sich 1762 in einer verzweifelten Lage befand, brachte der Tod der Zarin Elisabeth von Russland Rettung. Deren Nachfolger machte einen Sonderfrieden und schloss ein Bündnis mit Preußen." Wie der Tod eines gegnerischen Führers, so konnte in meiner Vorstellung auch eine Wunderwaffe eine deutsche Niederlage noch abwenden.

Logischerweise sagte ich zu mir: „Wenn nicht ein Wunder geschieht oder eine Wunderwaffe eingesetzt wird, dann ist dieser Krieg verloren." Im Übrigen war es damals unmöglich, in der Öffentlichkeit einen Verlust des Krieges überhaupt in Erwägung zu ziehen. Der Glaube an die Wunderwaffe wurde von der NS-Propaganda bis zum Kriegsende immer wieder beschworen. Als Goebbels in seiner Rede am 18. Februar 1943 den „totalen" Krieg ausrief und weitere radikale Maßnahmen forderte, saß ich am Radio und dachte sinngemäß: „Was soll das noch? Es werden doch schon alle Anstrengungen unternommen und auch vom Volk geleistet. Von Bedeutung ist doch nur: Wann kommt die Wunderwaffe bzw. Vergeltungswaffe?" Aber dazu wurden nur Versprechungen gemacht.

Der Einsatz der 16- und 17-jährigen Schüler als Luftwaffenhelfer war schon vor der Rede beschlossen. Es folgten nun noch weitere verzweifelte Maßnahmen, so z.B. die Einberufung aller waffenfähigen Männer im Alter von 16 bis 60 Jahren zum „Volkssturm" durch Erlass vom 25. September 1944. – Sie konnten den Verlauf des Krieges auch nicht mehr aufhalten.

Aus den täglichen Wehrmachtsberichten konnten wir bis zum Ende des Krieges nur schwerlich entnehmen, dass die deutschen Truppen an den Fronten zurückgedrängt wurden. Niederlagen und Landverlust wurden stets verklärt und verharmlost dargestellt. Das kommt auch in dem Kriegstagebuch des Oberkommandos der Wehrmacht, das nach dem Kriege veröffentlicht worden ist, zum Ausdruck.

Auch wenn in den öffentlichen Verlautbarungen weiter „gesiegt" wurde, so bekam man nach Stalingrad nach und nach doch mit, dass unsere Truppen an den Fronten zurückgedrängt wurden. Im Volk merkte man mehr und mehr, dass die Propaganda nicht unbedingt die Wahrheit über das Kriegsgeschehen verkündete. Die Folge war das heimliche Abhören feindlicher Sender, was strengstens verboten war. Auch meine Mutter, eine Parteigenossin, und ich, ein Hitlerjunge, hörten hin und wieder abends die deutschsprachige Sendung von Radio London -BBC-, ganz leise, damit kein Hausbewohner etwas mitbekam. Wir sprachen natürlich mit niemandem darüber, auch nicht zu den Verwandten. Besondere Auswirkungen der feindlichen „Propaganda" auf uns sind mir nicht bewusst. Unseren Glauben an Hitler und den „Endsieg" hat sie nicht beeinträchtigt; denn man glaubt nur, was man glauben will.

Aus unserem damals sehr strafbaren Verhalten kann man den Schluss ziehen, dass wir nicht zu der Sorte der Nationalsozialisten gehörten, die aus ihrer Überzeugung heraus keinen feindlichen Sender hörten. Wären wir erwischt worden, wären wir Opfer und Verfolgte des NS-Regimes geworden. Mein Onkel zum Beispiel hätte unser Verhalten sehr getadelt.

Trotz der geänderten Kriegslage ging das Leben für mich normal weiter und ich habe treu und brav weiter mitgemacht. Nur meine Eintragungen auf der Wandkarte über den Verlauf der Ostfront ließen ab jetzt nach und unterblieben dann ganz.

Soldatenspiel und Familienepisoden

Mein Vetter Friedel, der 1939 wieder zum Militär eingezogen worden war, kam im Sommer 1943 auf Urlaub nach Beuel. Er war Unteroffizier und hatte als Auszeichnung das EK II, das Infanterie-Sturmabzeichen und das silberne Verwundetenabzeichen. Aus Spaß und Bewunderung für das Militär zog ich als Fünfzehnjähriger seine Uniform an und mein Vetter fotografierte mich damit.

Es mag bei diesem Fronturlaub gewesen sein: Ich entsinne mich, ein Gespräch meines Vetters mit seinen Eltern belauscht zu haben, worin er davon sprach, im Russlandkrieg Dinge gesehen und erlebt zu haben, über die er nicht sprechen könne.

Auch nach dem Umzug meines Onkels Gerhard mit seiner Familie im Jahre 1938 von Vilich nach Beuel war der Kontakt von mir zu ihnen weiterhin sehr eng. Fast jede Woche besuchte ich meine Tante Meta, stöberte dort im Bücherschrank herum und schoss auch schon mal mit dem Luftgewehr meines Vetters auf Spatzen. Meine Mutter besaß kaum Bücher. Ich las alles, was mich interessierte, unter anderem auch Zola und Heine.

Wie schon berichtet, war hin und wieder das Verhältnis meiner Mutter zu ihrer Schwester getrübt. In Erinnerung ist mir geblieben, dass meine Mutter mich schon mal getadelt hat, weil ich bei diesem Streit nicht zu ihr gehalten habe.

Ich illegal in der Uniform meines Vetters Friedel
Sommer 1943 im Garten Konrad-Henlein-Straße 7

Wehrertüchtigungslager im Herbst 1943

Am 24. Oktober 1943, ich war gerade 16 Jahre alt geworden, machte ich den ersten Schritt aus dem Zivil- ins Militärleben. Ich nahm an einer vormilitärischen Ausbildung im Wehrertüchtigungslager der Hitlerjugend in Bastogne in Belgien teil.

Anfang 1942 wurde die Anordnung getroffen, dass alle Angehörigen der Jahrgänge 1926 und 1927 im Jahre 1943 an einer dreiwöchigen Wehrertüchtigung in besonderen Lagern teilnehmen sollten. Als die deutsche Armee 1941 vor Moskau stecken geblieben war und damit die Strategie der Blitzkriege nicht mehr aufging, rechnete Hitler vermutlich mit größeren Verlusten, um noch einen Sieg zu erringen. Dazu musste er alle Kräfte mobilisieren. Diesem Ziel diente auch die Einrichtung der Wehrertüchtigungslager. Im Nachhinein stellte sich diese Maßnahme schon als Beginn einer Verzweiflungspolitik heraus.

Die Teilnahme an der Wehrertüchtigung war nicht zwingend. Ich meldete mich jedoch freiwillig an. Ich wollte ja Soldat und Offizier werden. Den Einberufungsbefehl erhielt ich am 22. September 1943 für den Lehrgang vom 24. Oktober bis 14. November 1943. Als ich bei meinem Schuldirektor, der auch Parteigenosse war, um Freistellung dazu bat, hat er sie – wahrscheinlich wegen der schulischen Leistungen – nur mit Bedenken genehmigt. „Muss das sein!?“, hat er sinngemäß zu mir gesagt. Im Wehrertüchtigungslager wurden wir von einem Unteroffizier der Wehrmacht ausgebildet. Die vormilitärische Ausbildung bestand in Schießübungen und Geländedienst. Sie machte mir Spaß. Mit unserem Unteroffizier besuchten wir 16-Jährigen auch einmal eine Nachtbar. Die Tänzerin hat uns begeistert. Aber wir wurden zur Vorsicht gegenüber den Einheimischen ermahnt. Schließlich waren wir in Belgien.

Neben der Belehrung über Körper- und Anzugspflege gab es auch politische Schulung. Ich entsinne mich an einen Vortrag eines NS-Funktionärs, der über Marxismus, Kommunismus und Bolschewismus sprach. Dabei stellte ich in manchen Punkten eine Übereinstimmung zwischen Kommunismus und Nationalsozialismus fest. Dieser war danach für mich nicht mehr so einmalig. Eine Gegnerschaft entstand daraus jedoch noch nicht. Aber die Propaganda gegen den Bolschewismus/Kommunismus war für mich nicht mehr so einleuchtend.

Mein Onkel Gerhard Heymert, der Baas genannt wurde, schrieb mir einen Brief ins Wehrertüchtigungslager in Bastogne. Weil der Text so typisch dem damaligen Zeitgeist entspricht, dokumentiere ich ihn hier vollständig.

Zunächst in Faksimile:

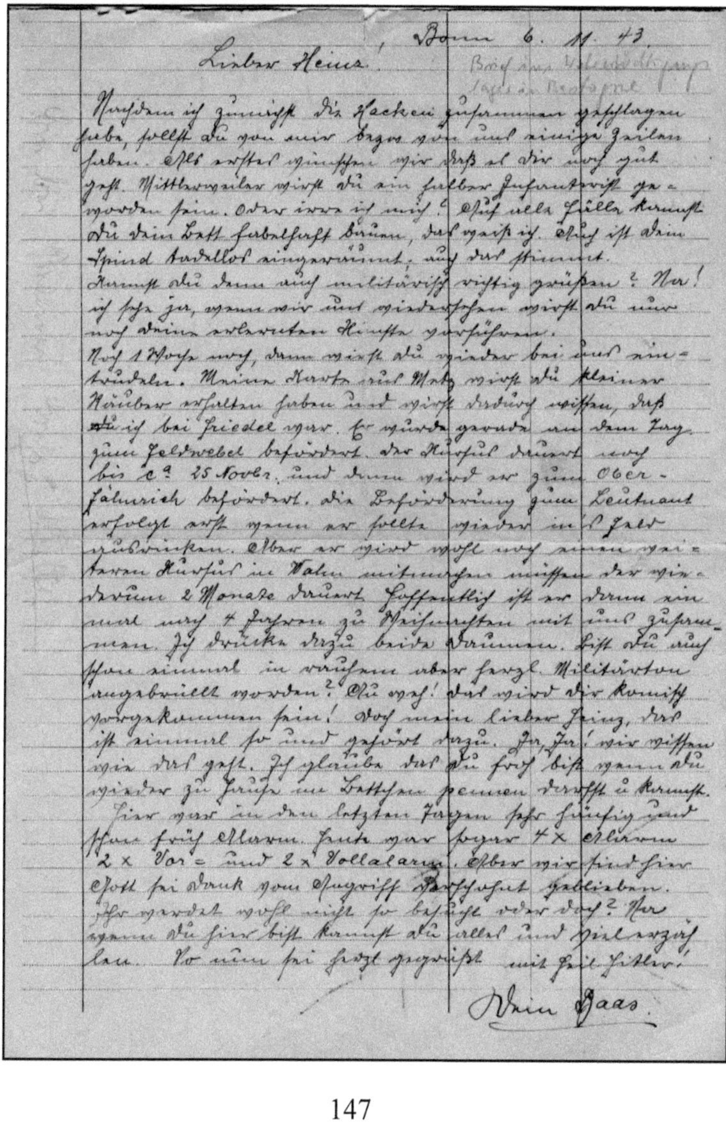

Bonn, 6. 11. 43.

Lieber Heinz!

Nachdem ich zunächst die Hacken zusammen geschlagen habe, sollst du von mir bzw. von uns einige Zeilen haben. Als erstes wünschen wir daß es dir noch gut geht. Mittlerweile wirst du ein halber Infanterist geworden sein. Oder irre ich mich? Auf alle Fälle kannst du dein Bett fabelhaft bauen, das weiß ich. Auch ist dein Spind tadellos eingeräumt, auch das stimmt. Kannst du denn auch militärisch richtig grüßen? Na! ich sehe ja, wenn wir uns wiedersehen wirst du uns noch deine erlernten Künste vorführen. Noch 1 Woche noch, dann wirst du wieder bei uns eintrudeln. Meine Karte aus Metz wirst du kleiner Räuber erhalten haben und wirst dadurch wissen, daß ich bei Friedel war. Er wurde gerade an dem Tag zum Feldwebel befördert. der Kursus dauert noch bis ca. 25 Novbr. und dann wird er zum Oberfähnrich befördert. die Beförderung zum Leutnant erfolgt erst wenn er sollte wieder ins Feld zurückrücken. Aber er wird wohl noch einen weiteren Kursus in Wahn mitmachen müssen der wiederum 2 Monate dauert. Hoffentlich ist er dann einmal nach 4 Jahren zu Weihnachten mit uns zusammen. Ich drücke dazu beide Daumen. Bist du auch schon einmal in rauhem oder herzl. Militärton angebrüllt worden? Au weh! das wird dir komisch vorgekommen sein! Doch mein lieber Heinz, das ist einmal so und gehört dazu. Ja, Ja! wir wissen wie das geht. Ich glaube daß du froh bist wenn du wieder zu Hause im Bettchen pennen darfst u. kannst.

Hier war in den letzten Tagen sehr häufig und sehr früh Alarm. heute war sogar 4 x Alarm 2 x Vor= und 2 x Vollalarm. Aber wir sind hier Gott sei Dank vom Angriff verschont geblieben. Ihr werdet wohl nicht so besucht oder doch? Na wenn du hier bist kannst du alles und viel erzählen. So nun sei herzl. gegrüßt mit Heil Hitler!

Dein Baas.

Bonn, 6. 11. 43

Lieber Heinz!

Nachdem ich zunächst die Hacken zusammengeschlagen habe, sollst Du von mir bzw. von uns einige Zeilen haben. Als erstes wünschen wir, dass es Dir noch gut geht. Mittlerweile wirst Du ein halber Infanterist geworden sein. Oder irre ich mich? Auf alle Fälle kannst Du Dein Bett fabelhaft bauen, das weiß ich. Auch ist Dein Spind tadellos eingeräumt, auch das stimmt. Kannst Du denn auch militärisch richtig grüßen? Na! Ich sehe ja, wenn wir uns wiedersehen, wirst Du mir noch Deine erlernten Künste vorführen.

Noch eine Woche noch, dann wirst Du wieder bei uns eintrudeln. Meine Karte aus Metz wirst Du, kleiner Räuber, erhalten haben und wirst dadurch wissen, dass ich bei Friedel war. Er wurde gerade an dem Tag zum Feldwebel befördert. Der Kursus dauert noch bis ca. 25. November. Und dann wird er zum Oberfähnrich befördert. Die Beförderung zum Leutnant erfolgt erst, wenn er sollte wieder ins Feld ausrücken. Aber er wird wohl noch einen weiteren Kursus in Wahn mitmachen müssen, der wiederum 2 Monate dauert. Hoffentlich ist er dann einmal nach vier Jahren zu Weihnachten mit uns zusammen. Ich drücke dazu beide Daumen. Bist Du auch schon einmal in rauhem aber herzlich. Militärton angebrüllt worden? Doch mein Lieber, das ist einmal so und gehört dazu. Ja, ja! Wir wissen, wie das geht. Ich glaube, dass Du froh bist, wenn Du wieder zu Hause im Bettchen pennen darfst und kannst.

Hier war in den letzten Tagen sehr häufig schon früh Alarm. Heute war sogar 4 X Alarm, 2 X Vor- und 2 X Vollalarm. Aber wir sind hier Gott sei Dank vom Angriff ver-

schont geblieben. Ihr werdet wohl nicht so besucht, oder doch? Na, wenn Du hier bist, kannst Du alles und viel erzählen. So nun sei herzl. gegrüßt mit Heil Hitler!

Dein Baas.

Es folgen auf der Rückseite dieses Briefs ein paar Zeilen meiner Cousine Grete und meiner Tante Meta an mich:

Lieber Heinz!

Nun hast Du schon 2 Wochen hinter Dir und bald bist Du wieder hier. Am Freitag hatte unser Theaterring Don Carlos. Es soll sehr gut gewesen sein. Ich selbst war nicht drin, ich habe meine Karte unserer Margot als Abschiedsgeschenk gegeben. Margot geht übermorgen zum R.A.D. [Reichsarbeitsdienst]. Dafür bist Du aber bei der nächsten Vorstellung sicher wieder mit dabei. Was nun Deine Mutti mit der Karte gemacht hat, weiß ich nicht. Nun mein lieber Heinz, verabschiede ich mich von Dir und grüße Dich recht herzlich.

Ich bin mal wieder erkältet.

Deine Grete

Mein lieber Heinzel!

Wir freuen uns, daß Du in einer Woche bei uns bist. Ich glaube Dir gern, daß der Kursus für Dich sehr interessant war. L.H., gern hätte ich Dir ein Päckchen geschickt, aber leider ist Päckchensperre. Wenn Du nun kommst, bekommst Du die Sachen, die ich Dir zugedacht habe, mein Heinzel. Heute hatten wir schon dreimal Alarm; sei froh, daß Ihr dort damit verschont seid. Gestern war ich mit Deiner Mutter im Kino. War sehr lustig. Für Friedel haben wir einen Offiziersdolch gekauft, der ist sehr schön. Sonst ist hier alles unverändert. Na, bald haben wir Dich wieder hier, wir freuen uns alle sehr darauf. Nun mein l. Junge, lebe herzlich wohl.

Es grüßt und küßt Dich
Deine Tante
Meta

NSDAP-Hitler-Jugend
Gebiet Köln-Aachen (11)
Einberufungsstelle

Köln, den 9. Februar 1943

Besondere Anordnungen für die Teilnehmer an einem Wehrertüchtigungslager.

Zur Vorlage beim Arbeitgeber bezw. beim Schulleiter und gesetzlichen Vertreter.

Auf Anordnung des Führers werden von der Hitler-Jugend unter Mitwirkung von Ausbildern der Wehrmacht dreiwöchige Wehrertüchtigungslager veranstaltet, zu denen jeder Jugendliche vor seiner Einberufung zur Wehrmacht herangezogen wird.

Wie bekannt, hat der Reichsjugendführer zur Vorbereitung auf den Dienst bei der Wehrmacht den ältesten Jahrgang der Hitler-Jugend (1943/44 Angehörige des Jahrganges 1926/27 zur Teilnahme an den Wehrertüchtigungslagern der Hitler-Jugend aufgerufen.

Für die Jugendlichen, die im Beruf stehen, hat der Reichsarbeitsminister durch seinen Erlaß vom 22. 4. 1942 — IIIa 8398/42 — (RABL.) 1942 Nr. 13 S I 288) bestimmt, daß die Teilnahme an den von der Reichsjugendführung durchzuführenden Wehrertüchtigungslagern der Hitler-Jugend der Teilnahme an einem Lager oder einer Fahrt der Hitler-Jugend gemäß § 21 des Jugendschutzgesetzes gleichzustellen sind. Hiernach erhalten Jugendliche, die länger als 10 Tage in einem solchen Lager vormilitärisch ausgebildet werden, den erhöhten Urlaub von 18 Tagen nach § 21 Abs. II des Jugendschutzgesetzes. In seinem Erlaß vom 11. 6. 1942 — III 13 031/42 — gibt u. a. der Reichswirtschaftsminister bekannt, daß die Betriebsführer den Jugendlichen der zur vormilitärischen Ausbildung in Frage kommenden Jahrgänge erst dann den Urlaub gewähren, wenn ein Einberufungsbefehl für ein Wehrertüchtigungslager vorliegt.

Lehrlingen und Anlernlingen, die ihren Erholungsurlaub bereits erhalten haben, ist bei einer Beurlaubung zu einem Wehrertüchtigungslager die Erziehungsbeihilfe auf Grund der Anordnungen über die Fortzahlung der Erziehungsbeihilfen bei Arbeitsverhinderung und Arbeitsausfall vom 18. 3. 1942 (RABL. Nr. 9 S. I 144) weiterzuzahlen.

Jugendlichen, die nicht Lehrlinge oder Anlernlinge sind, braucht in jedem Falle nur 18 Arbeitstage im Kalenderjahr als Urlaub bezahlt zu werden.

Für die Jugendlichen, die in der Schulausbildung stehen, ist der Erlaß des Herrn Reichsministers für die Wissenschaft, Erziehung und Volksbildung vom 26. 5. 1942 — E Ia (6) 25, E III, E IV — ausschlaggebend. Die Ausbildung der Schüler in den Wehrertüchtigungslagern erfolgt nur klassenweise. Die Herren Direktoren reichen Namens- und Anschriftenlisten der in Frage kommenden Schüler an die Gebietsführung Köln-Aachen (11), Hauptabteilung II, Köln, Claudiusstraße 1, ein und vereinbaren gleichzeitig den Zeitpunkt für die Einberufung.

Bei der klassenweisen Einberufung der Schüler der höheren Schulen und der Berufsfachschulen können auch Angehörige jüngerer Jahrgänge erfaßt werden. Eine nochmalige Heranziehung der Angehörigen dieser Jahrgänge in dem Jahr vor ihrer Einberufung zur Wehrmacht findet nicht statt.

b. w.

I 46 10358

Beurlaubung vom Wehrertüchtigungslager.

Freistellungen und Rückstellungen von der vormilitärischen Ausbildung der Hitler-Jugend werden nur gewährt bei:

Untauglichkeit lt. Wehrpaß,

Krankheit (in diesem Falle ist **nur das Attest des Jugendarztes (Bannarzt) ausschlaggebend.** Die Anschrift des Bannarztes ist jeweils bei den einzelnen Bannen zu erfragen,

und bei den Jugendlichen, die schon an einer vormilitärischen Ausbildung teilgenommen haben und sich dort den K.-Übungsleiter-Ausweis erworben haben,

Angehörige der Hitler-Jugend-Sonderformationen (Marine-, Flieger-, Nachrichten- und Motor-Hitler-Jugend) werden in besonderen Lehrgängen erfaßt. Sie können auch zu anderen Zeiten einberufen werden. (Schüler Einzeleinberufung, RdErl. d. RMf. Wiss. Erz. und Volksbildung vom 26. 5. 1942 — E I a (6), E III. E IV).

Wer grundlos und unentschuldigt der Einberufung nicht Folge leistet kann bestraft oder mit Hilfe der Polizei dem Lehrgang zugeführt werden.

Die Lehrgangstermine im Jahre 1943 gebe ich nachstehend bekannt:

1943

10. 1. 1943 — 31. 1. 1943
7. 2. 1943 — 28. 2. 1943
7. 3. 1943 — 28. 3. 1943
4. 4. 1943 — 24. 4. 1943
2. 5. 1943 — 23. 5. 1943
30. 5. 1943 — 20. 6. 1943
4. 7. 1943 — 25. 7. 1943
1. 8. 1943 — 22. 8. 1943
29. 8. 1943 — 19. 9. 1943
26. 9. 1943 — 17. 10. 1943
24. 10. 1943 — 14. 11. 1943
21. 11. 1943 — 12. 12. 1943

Heil Hitler!

Der Leiter der Hauptabteilung II

Bannführer.

Der Führer des Gebietes Köln-Aachen (11)

Bereithaltungsbefehl

Dieser Bereithaltungsbefehl ist in Betrieben dem Betriebsobmann zur Erwirkung des Urlaubes vorzulegen.

Auf Grund des Gesetzes über die Hitler-Jugend vom 1. 12. 1936 (Reichsgesetzblatt 1936, Teil I, S. 993) und den dazu ergangenen Durchführungsbestimmungen bist Du zur Teilnahme an einem Lehrgang vom 24. Okt. 1943 bis 14. Nov. 1943 in einem **Wehrertüchtigungslager der Hitler-Jugend, Gebiet Köln-Aachen (11),** vorgesehen. Du hast Dich hierfür bereitzuhalten. Einberufungsbefehl folgt.

Du hast diesen Bereithaltungsbefehl innerhalb von 3 Tagen nach Empfang Deinem Arbeitgeber und Berufsschulleiter oder Deinem Schulleiter, Deinen Eltern oder sonstigen Erziehungsberechtigten vorzulegen und beim Arbeitgeber, Lehrherrn und Berufsschulleiter oder Schulleiter Antrag auf Beurlaubung für die Dauer des Lehrganges zu stellen. Die beigefügte Urlaubsbestätigung ist in jedem Falle zurückzusenden.

Den Dir gesetzlich zustehenden Urlaub (Jugendschutzgesetz) stellst Du für die Teilnahme am Wehrertüchtigungslager zur Verfügung.

Der bei der Schule zu beantragende Urlaub wird nach dem Übereinkommen des Herrn Reichsministers für Wissenschaft, Erziehung und Volksbildung mit dem Jugendführer des Deutschen Reiches über „Schule und Hitler-Jugend" (Erlaß des Jugendführers des Deutschen Reichs vom 10. Februar 1941 — II J 9 —) erteilt.

Ergeben sich für die Beurlaubung zeitliche Schwierigkeiten oder verweigern Arbeitgeber (Berufsschulleiter) oder Schule den Urlaub, so ist um schriftliche Begründung unter Benutzung des beiliegenden Formulars zu bitten. Diese ist mit dem Bereithaltungsbefehl an die Einberufungsstelle des Gebietes Köln-Aachen (11), Köln, Claudiusstraße 1 (Tel. Köln 90751), unverzüglich einzusenden.

Sollte Deine Teilnahme am Wehrertüchtigungslager infolge körperlicher Gebrechen oder schwerwiegender gesundheitlicher Mängel Dir oder Deinem gesetzlichen Vertreter nicht möglich erscheinen, so hast Du unter Beifügung des Bereithaltungsbefehls und eines schriftlichen Antrages auf befristete Zurückstellung Deines gesetzlichen Vertreters umgehend der Gebietsführung, Einberufungsstelle, Mitteilung zu machen.

Köln, den 22. Sep. 1943

Nationalsoz. Deutsche Arbeiterpartei
Gebiet Köln-Aachen (11)
Hitler-Jugend

Der Führer
des Gebietes Köln-Aachen (11)
i. A.:
Reiner
Oberstammführer

DRUCKSACHE

Jg. Heinz Kräer
Vilich-Rheindorf/Bonn
Bonnerstr. 34

Abs.:
NSDAP-Hitler-Jugend
Gebiet Köln-Aachen (11)
Köln / Claudiusstraße 1

„Heil Moskau!“ – „Guten Tag!“

Ein Vorfall ist in diese Zeit einzuordnen: Regelmäßig besuchte ich meine in Beuel lebenden Verwandten auf der Kronprinzenstraße. Mein Onkel Gerhard war – wie bereits erwähnt – Parteigenosse und SA-Mann, also ein überzeugter Nationalsozialist. Es war im „Dritten Reich“ seit 1933 üblich, sich mit dem „Deutschen Gruß“, „Heil Hitler“, zu begrüßen und zu verabschieden. Das galt im öffentlichen Leben zwingend und auch im privaten. Wer „Guten Tag“ oder „Auf Wiedersehen“ sagte, machte sich verdächtig, kritisch gegenüber dem Nationalsozialismus – also dem Staat – eingestellt zu sein. Nach der Rückkehr aus dem Wehrertüchtigungslager begrüßte ich meinen Onkel aus Jux nicht mit „Heil Hitler“, sondern mit „Heil Moskau“ und erhob nicht meinen rechten Arm zum Hitlergruß, sondern ballte meine rechte Faust. – Oh weh, mein Onkel war sehr erzürnt und tadelte mich so, dass ich es nicht noch einmal wagte.

Mit Gegnern des Nationalsozialismus in einem Haus

Über uns in der Bonner Straße 37, in der Dachwohnung, die aus zwei Zimmern und Küche bestand, wohnte die Familie Gerhard Küppers mit drei Kindern: Hugo, Friedchen und Heini. Zwischen der ersten Etage, wo wir wohnten, und dem Erdgeschoss befand sich die einzige Toilette für unsere beiden Familien. Ein Badezimmer gab es in keiner Wohnung. Wir wussten, dass diese Familie dem Nationalsozialismus nicht wie wir positiv gegenüberstand. Gerhard Küppers arbeitete in Bonn als Zigarrenmacher, ging früh morgens zur Arbeit und kam spät abends nach Hause. Er war ein stiller, schweigsamer Mensch. Nach dem Krieg erfuhr ich, dass Herr Küppers von 1931 bis 1933 Vorsitzender der Beueler SPD gewesen war. Dieser Umstand erklärt, warum die Familie Küppers so zurückgezogen lebte und einen Kontakt zur Nachbarschaft vermied.

In den Jahren 1937 und 1938 hatte meine Mutter einen Freund namens Fischer, der auch Politischer Leiter in der NSDAP war. Nach meiner Erinnerung brüstete er sich damit, dass er als „Erster“ die Hakenkreuzfahne auf dem Beueler Rathaus gehisst habe. Er war mit der Partei unzufrieden, weil man seine Verdienste nicht entsprechend gewürdigt habe. Andere – weniger verdiente Parteigenossen – hätten höhere Posten bekommen. Die Besuche dieses Mannes hat die Familie Küppers mit Sorge beobachtet, wie ich nach dem Krieg erfahren habe. Meiner Mutter war über die Verhältnisse in Beuel vor 1936 natürlich nichts bekannt.

Mir liegt noch ein Bild von Herrn Fischer mit anderen Beueler „NS-Größen“ vor. Ich habe es im Jahre 1997 Dr. Bothien vom Stadtmuseum überlassen. Er hat es in seinem Buch „Das braune Bonn“ 2005 auf Seite 94 veröffentlicht.

Beueler NSDAP-Funktionäre
Von links nach rechts: Pickard, Reinhoff, Lorenz Hoffstätter, Albert Hammbitzer, Walter Henseler, Otto Klamp, Person unbekannt, sitzend Fischer
Foto: Bundesstadt Bonn, Stadtarchiv

Wir hatten mit der Familie Küppers guten Kontakt. Hugo war einfacher Soldat und hat den Krieg überlebt. Als eines der Kinder (Hugo oder Friedchen) im Krieg heiratete, überließ meine Mutter dem jungen Paar ihr Schlafzimmer für die Urlaubszeit. Frau Küppers war eine belesene Frau. Sie hat mich nach dem Krieg indirekt politisch beeinflusst. Küppers besaßen kein Radio. Ich entsinne mich, wie Frau Küppers zu uns herunterkam und wir gemeinsam der einen oder anderen Rede Hitlers zuhörten. Nach dem Krieg bescheinigte Herr Küppers meiner Mutter im Rahmen ihres Entnazifizierungsverfahrens, dass sie sich im „Dritten Reich“ korrekt und einwandfrei benommen habe. Die Abschrift liegt noch vor und ist auf der folgenden Seite dokumentiert.

„Persilschein“

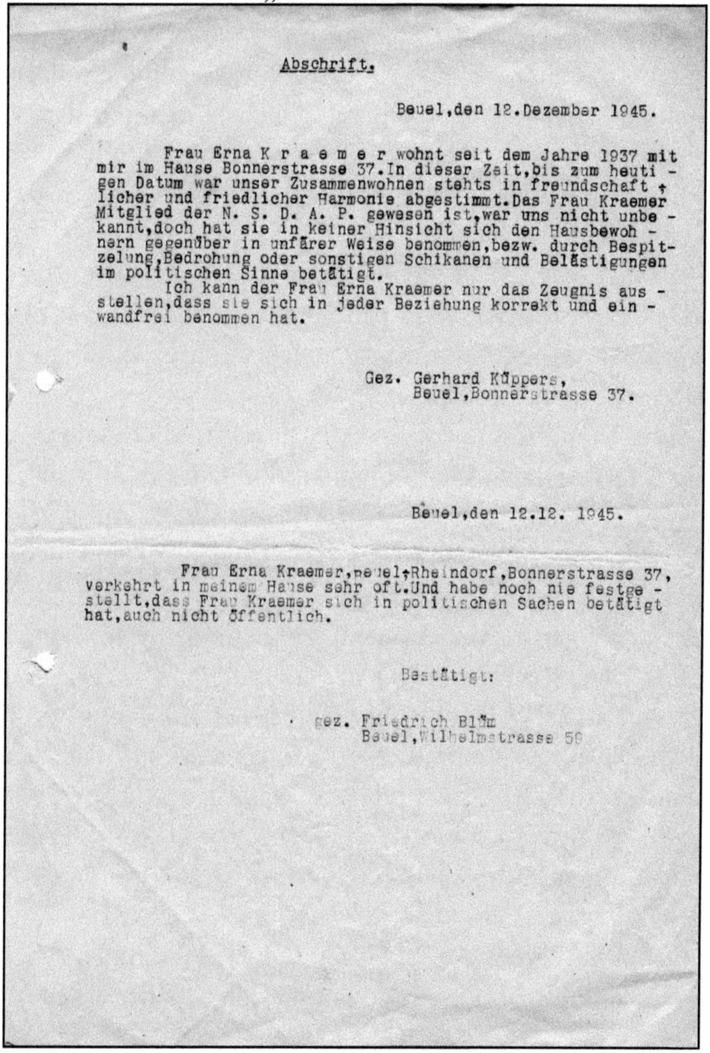

Abschrift.

Beuel, den 12. Dezember 1945.

Frau Erna K r a e m e r wohnt seit dem Jahre 1937 mit mir im Hause Bonnerstrasse 37. In dieser Zeit, bis zum heuti - gen Datum war unser Zusammenwohnen stehts in freundschaft - licher und friedlicher Harmonie abgestimmt. Das Frau Kraemer Mitglied der N. S. D. A. P. gewesen ist, war uns nicht unbe - kannt, doch hat sie in keiner Hinsicht sich den Hausbewoh - nern gegenüber in unfärer Weise benommen, bezw. durch Bespit- zelung, Bedrohung oder sonstigen Schikanen und Belästigungen im politischen Sinne betätigt.

Ich kann der Frau Erna Kraemer nur das Zeugnis aus - stellen, dass sie sich in jeder Beziehung korrekt und ein - wandfrei benommen hat.

Gez. Gerhard Küppers,
Beuel, Bonnerstrasse 37.

Beuel, den 12.12. 1945.

Frau Erna Kraemer, Beuel-Rheindorf, Bonnerstrasse 37, verkehrt in meinem Hause sehr oft. Und habe noch nie festge - stellt, dass Frau Kraemer sich in politischen Sachen betätigt hat, auch nicht öffentlich.

Bestätigt:

gez. Friedrich Blüm
Beuel, Wilhelmstrasse 58

Diese Bescheinigung nannte man „Persilschein“. Dieses Wort bezog sich auf das damals bekannteste deutsche Waschpulver „Persil“ von der Firma Henkel. Persil galt als sicheres Mittel, jeglichen Schmutz aus der Wäsche zu beseitigen.

Der Sohn Heini war ein Jahr jünger als ich. Er spielte aber nicht mit den Kindern auf unserer Straße, sondern ging nachmittags fast immer zu seinen Verwandten auf der Rheinaustraße. Für den Jungvolkdienst konnte ich ihn vor 1939 nicht begeistern. Nach 1939 war die Mitgliedschaft zur Hitlerjugend Pflicht. Heini habe ich nie in einer richtigen Uniform gesehen.

Während des Krieges wurde Herrn Küppers in unserem Haus die Aufgabe des Luftschutzwarts übertragen. Bei nächtlichem Fliegeralarm trafen sich die drei Familien im Luftschutzraum im Keller.

Meine Mutter hatte oft Schwierigkeiten, mich zum Aufstehen zu bewegen. Sie rief dann schon mal Herrn Küppers zur Hilfe. Einen größeren Angriff auf Bonn musste ich nicht miterleben. Die über die Stadt fliegenden feindlichen Flugzeuge wurden von der im Bonner Raum stationierten Flak beschossen. Manche Kinder zeigten die von ihnen gefundenen Geschosssplitter in der Schule.

Im August 1944, nach dem Attentat auf Hitler am 20. Juli, wurden alle vermeintlichen Gegner des NS-Staates im August verhaftet, vorübergehend eingesperrt und verhört. Hierzu gehörte auch Herr Küppers. Ich war zu dieser Zeit Luftwaffenhelfer in Wesseling. Meine Mutter teilte mir die Verhaftung im Feldpostbrief vom 24. August 1944 mit. Der Text dieses Briefes ist auf Seite 176 abgedruckt.

Unter uns im Erdgeschoss wohnte die Familie Luge mit einer Tochter. Herr Luge war auch Parteigenosse und während des ganzen Krieges bei der Organisation Todt tätig. Er hat den Krieg nicht überlebt.

Fritz Todt war Reichsminister und mit dem Bau der Reichsautobahnen beauftragt. 1938 erhielt er die Leitung der Arbeiten zum Bau des Westwalls. Er setzte hier die von ihm geschaffene Organisation Todt ein. 1940 wurde er Reichsminister für Bewaffnung und Munition. 1942 verunglückte er tödlich bei einem Flugzeugabsturz.

VI. Luftwaffenhelfer
14. Januar bis 6. Oktober 1944
Urfeld und Wesseling

In der Flieger-HJ wurden die älteren Vorgesetzten 1943 nach und nach zur Wehrmacht – Luftwaffe – eingezogen. Jüngere rückten nach.

Mit Schreiben vom 08. Januar 1944 erhielt ich vom Landrat des Siegkreises die Mitteilung über die Heranziehung von Schülern zum Kriegshilfseinsatz der deutschen Jugend in der Luftwaffe. Vom 14. Januar bis 06. Oktober 1944 wurde ich mit meiner Schulklasse zur Luftverteidigung herangezogen. Unsere Ausbildung zu Kanonieren bei der leichten Flak (Kaliber 2 und 3,7 cm) erfolgte in einem Holzbarackenlager in Urfeld im Süden von Wesseling am Rhein. Anschließend kam ich zu der Flakstellung in Wesseling-Feldmühle.

Eines unserer drei Geschütze, 3,7 cm

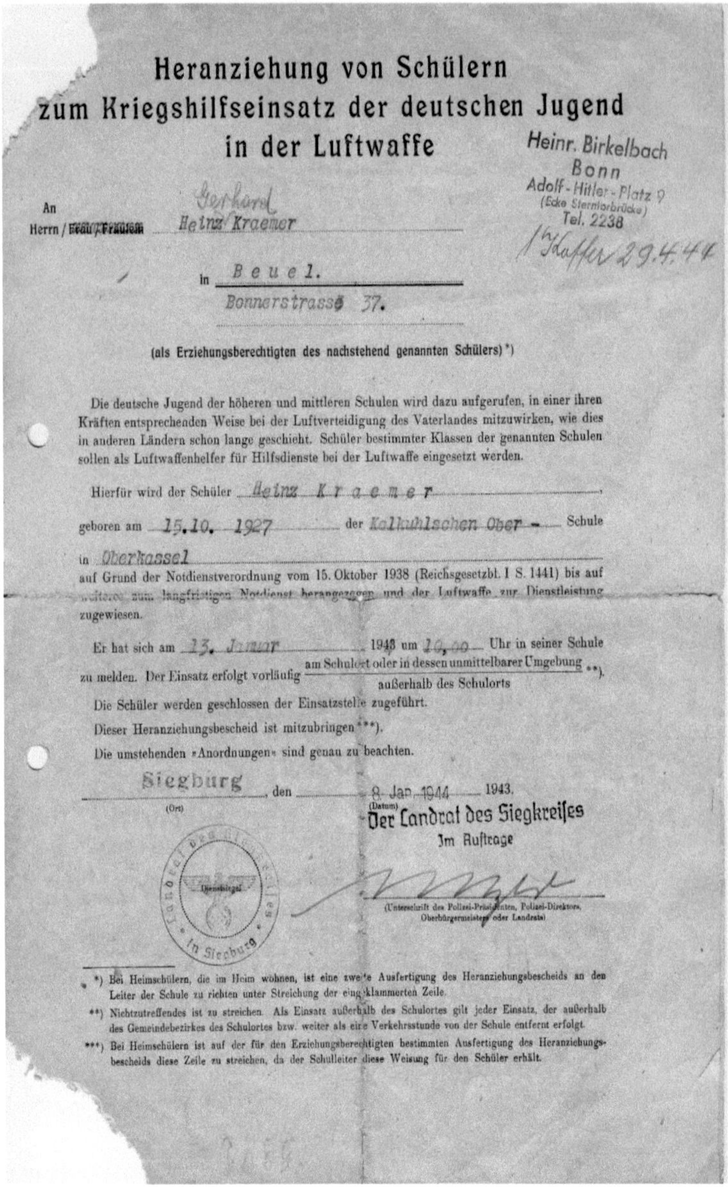

Heranziehung von Schülern zum Kriegshilfseinsatz der deutschen Jugend in der Luftwaffe

Heinr. Birkelbach
Bonn
Adolf-Hitler-Platz 9
(Ecke Sternorbrücke)
Tel. 2238

1 Koffer 29.4.44

An
Herrn / ~~Frau / Fräulein~~ Gerhard Heinz Kraemer

in Beuel.
Bonnerstrasse 37.

(als Erziehungsberechtigten des nachstehend genannten Schülers) *)

Die deutsche Jugend der höheren und mittleren Schulen wird dazu aufgerufen, in einer ihren Kräften entsprechenden Weise bei der Luftverteidigung des Vaterlandes mitzuwirken, wie dies in anderen Ländern schon lange geschieht. Schüler bestimmter Klassen der genannten Schulen sollen als Luftwaffenhelfer für Hilfsdienste bei der Luftwaffe eingesetzt werden.

Hierfür wird der Schüler Heinz Kraemer,

geboren am 15.10. 1927 der Kalkuhlschen Ober - Schule

in Oberkassel

auf Grund der Notdienstverordnung vom 15. Oktober 1938 (Reichsgesetzbl. I S. 1441) bis auf weiteres zum langfristigen Notdienst herangezogen und der Luftwaffe zur Dienstleistung zugewiesen.

Er hat sich am 13. Januar 1943 um 10,00 Uhr in seiner Schule zu melden. Der Einsatz erfolgt vorläufig am Schulort oder in dessen unmittelbarer Umgebung / außerhalb des Schulorts **).

Die Schüler werden geschlossen der Einsatzstelle zugeführt.

Dieser Heranziehungsbescheid ist mitzubringen ***).

Die umstehenden »Anordnungen« sind genau zu beachten.

Siegburg, den 8. Jan. 1944 1943.
(Ort) (Datum)

Der Landrat des Siegkreises
Im Auftrage

(Unterschrift des Polizei-Präsidenten, Polizei-Direktors, Oberbürgermeisters oder Landrats)

Landrat des Siegkreises – Dienstsiegel – in Siegburg

*) Bei Heimschülern, die im Heim wohnen, ist eine zweite Ausfertigung des Heranziehungsbescheids an den Leiter der Schule zu richten unter Streichung der eingeklammerten Zeile.

**) Nichtzutreffendes ist zu streichen. Als Einsatz außerhalb des Schulortes gilt jeder Einsatz, der außerhalb des Gemeindebezirkes des Schulortes bzw. weiter als eine Verkehrsstunde von der Schule entfernt erfolgt.

***) Bei Heimschülern ist auf der für den Erziehungsberechtigten bestimmten Ausfertigung des Heranziehungsbescheids diese Zeile zu streichen, da der Schulleiter diese Weisung für den Schüler erhält.

Wir hatten die Aufgabe, das Hydrier-Werk (auch Hermann-Göring-Werk genannt) zu schützen. Neben schwerer Flak (8,8 und 10,5 cm) waren auch Fesselballons und Vernebelungseinrichtungen um das Werk herum stationiert.

Unser Zug bestand aus drei Flugabwehrkanonen mit dem Kaliber 3,7 cm. Unser Zugführer war Oberwachtmeister Krüger und unser Geschützführer hieß Unteroffizier Mike und war von Beruf Oberschullehrer. Er galt als strenger Vorgesetzter. Zu unserem Geschütz gehörten noch meine Klassenkameraden Karl Gratzfeld, Walter Hesemann, Roland Hoederath, Helmut Ruttscheid und Christian Thomas. Wir wohnten auch zusammen in einer Baracke.

Unser Nachbar-Geschütz

Unsere Lehrer kamen anfangs in die Stellung und gaben uns vormittags Unterricht. Infolge der vermehrten Luftangriffe hörte der Unterricht aber bald auf. Manchmal verkürzten wir den Unterricht, indem wir dem Lehrer sagten, wir müssten schon bei Voralarm – in Wirklichkeit erst bei Vollalarm – das Geschütz einsatzbereit machen.

Gerne hätten wir ein feindliches Flugzeug abgeschossen. Aber nur einmal kam ein angeschossener Bomber (Typ: Liberator) tief fliegend vorbei. Wir feuerten mit unserem Geschütz, trafen ihn aber nicht.

Zu jedem Geschütz gehörten noch ein oder zwei russische Kriegsgefangene. Ihre Aufgabe war es, einfache körperliche Hilfsarbeiten in der Flakstellung zu verrichten, wie Erdarbeiten, Tragearbeiten (z.B. Munitionskisten), Reparaturen, Aufräumen, Kehren u.a.m. Wenn wir nachts bei Fliegeralarm im Erdbunker neben dem Geschütz saßen, machte „unser" Russe nur mit Holz Feuer im Ofen. Er schnitt kleine Holzspäne vom Holzscheit ab und zündete sie an. Bei einer Unterhaltung mit ihm sagte er mir, er sei Tankwart in einer Stadt in Sibirien. Bei meinem Weltbild von der Sowjetunion verwunderte mich das damals sehr. Gibt es in Sibirien wirklich Autos? – Obgleich es verboten war, steckten wir den Russen ab und zu Reste von unserem Essen zu. Ihre Baracke durften wir nicht betreten.

Ende Juli 1944 fuhr unser Zug für mehrere Tage zum Flakausbildungs- und Schießstab Eupen nach Mützenich bei Monschau. Dort durften wir mit scharfer Munition auf ein vom Flugzeug nachgezogenes Flugobjekt schießen. Hier erlebte ich auch meinen ersten Saunabesuch. Das war für mich ein besonderes Erlebnis.

Wir Luftwaffenhelfer (Flakhelfer) fühlten uns als Soldaten. In der Stellung trugen wir die Uniform der Flaksoldaten. Aber wenn wir die Stellung bei Urlaub oder Dienstgang verließen, mussten wir die extra für Luftwaffenhelfer entworfene Uniform anziehen. Zu ihr gehörte auch die HJ-Armbinde. Fast jeder von uns hat die Armbinde abgestreift, sobald er außer Reichweite der Flakstellung war. Wir wollten keine HJ-Angehörige mehr sein, sondern Soldaten. Hätte uns der HJ-Streifendienst dabei erwischt, wären wir bestraft worden. Diese Handlung kann jedoch nicht als Opposition zum NS-Staat bzw. Nationalsozialismus angesehen werden.

Von dem, was sich außerhalb unseres Flakdienstes ereignete, erfuhren wir wenig. Wir hatten kein Radio in der Baracke und keine Zeitung. Lediglich im Gefechtsstand befand sich ein besonderer Rundfunkempfänger, den wir bei Wachdienst wegen der Warnmeldungen über feindliche Flugzeuge abhören mussten. Essen und Überleben war die Hauptsache. Niederlagen des Heeres wurden in der Zeitung – wenn man sie gelegentlich erhielt – nie zugegeben und Rückzüge als notwendige strategische Maßnahme erklärt und begründet. Nach den offiziellen Propaganda-Informationen hatten Hitler und die Wehrmachtführung alles im Griff. Über den Ausgang des Krieges wurde nicht gesprochen.

Luftwaffenhelfer 1944

So müssen wir wohl auch die Landung der Alliierten in der Normandie am 06. Juni 1944 verarbeitet haben. Ich konnte damals nicht verstehen, dass den Alliierten eine erfolgreiche Landung trotz des doch angeblich stark befestigten „Atlantikwalls" gelungen war. Die Einzelheiten und den Umfang der Landung habe ich erst anlässlich der viel späteren Gedenkfeiern nach dem Krieg wahrgenommen.

Im Juni 1944 begann der Einsatz der Vergeltungswaffen V1. Am 08. September 1944 schlug die V2 (erste Rakete) in einem Vorort von London ein. Der Glaube an die Wunderwaffe wurde dadurch in der Bevölkerung zunächst bestätigt, zumal die NS-Propaganda diese Einsätze trefflich überbewertete und so den Glauben an den baldigen Endsieg weiter schürte. Die Kriegswende blieb jedoch aus, weil die „Wunderwaffen" keine kriegsentscheidenden Wirkungen zeigten.

Im Feldpostbrief, den meine Tante Tilde aus Winsen/Luhe am 26. Juni 1944 an mich sandte, schrieb sie:

„Unser Hamburg hat jetzt noch den Rest gekriegt, man hat eine Wut auf die Biester. Wir freuen uns, dass jetzt die Vergeltung für die Engländer kommt."

Aus heutiger Sicht kann man sagen, dass schon das Wort „Endsieg", das erst aufkam, nachdem die Niederlagen zunahmen, ein Ausdruck für die Angst vor der unterschwellig erwarteten Katastrophe war.

Leider oder glücklicherweise habe ich kein Tagebuch geführt. Ich müsste mich heute dessen „schämen", was ich damals eingetragen hätte. Als Beweis zitiere ich aus meinem Feldpostbrief vom 20. Juni 1944 an meine Mutter:

„... Gebe dem Baas bitte folgende Sachen mit: Brotmarken, viele Taschentücher, Seife (keine Einheitsseife), Brief-

couverts und 6-Pf.-Briefmarken. Natürlich darfst Du nicht den Kuchen vergessen. Heute haben wir schwer gearbeitet. Weiter laß den Baas ein paar Illustrierte und Zeitschriften (zum Beispiel W.B., Das Reich, Das Schwarze Korps, Der Stürmer usw. mitbringen. ...“

Mit „Baas“ ist mein Onkel Gerhard und mit „W.B.“ die Tageszeitung „*Westdeutscher Beobachter*“ gemeint.

Der 20. Juli 1944

Am 20. Juli 1944 ereignete sich das Attentat auf den „Führer“. Wir erfuhren das am selben oder folgenden Tag durch das Rundfunkgerät, das sich im Wachraum des ersten Geschützes befand. Es war wegen der Fliegerwarnungen ständig eingeschaltet. Am Tage hielten wir Luftwaffenhelfer dort Wache und nachts die „echten“ Soldaten. Nach dem Attentat mussten wir alle antreten und unser Zugführer teilte den Soldaten und uns mit, dass ab sofort – anstelle der bisher üblichen militärischen Grußform (gewinkelter rechter Arm mit der Hand zur Kopfbedeckung) – auch für die Wehrmacht der „Deutsche Gruß“ angeordnet worden sei. Es handelte sich hierbei um den Hitlergruß „Heil Hitler“ (ausgestreckter rechter Arm in Höhe der Schulter). Wir und die „echten“ Soldaten waren darüber nicht begeistert. Aber natürlich war einem bewusst, was dahintersteckte: Jeder Soldat sollte bei jeder Grußgeste Hitler seine Zuneigung und sein Vertrauen zum Ausdruck bringen.

Ich nahm das zweite bekannt gewordene Attentat zur Kenntnis, fand es hoch dramatisch und überlegte mir, was passiert wäre, wenn es geglückt wäre. Denn es konnte nur besser werden. Ich kann mich nicht daran erinnern, dass über das Attentat unter uns gesprochen worden wäre oder

Reaktionen im näheren Umfeld laut wurden. Wer eine kritische Meinung hatte, behielt sie wohlweislich für sich. Eine entsprechende Äußerung hätte schlimme Folgen (bis zur Todesstrafe) haben können. In den Medien wurden die Widerständler als Verräter und Feinde des Reiches bezeichnet. Entsprechend war die Ansicht in der Bevölkerung. Die Widerständler waren eine Minderheit in der Führungsschicht der gesellschaftlichen Eliten. Die Mehrheit der Eliten war nicht bereit, das Ruder herumzureißen. Sie waren von der Ideologie und der Weltanschauung des Nationalsozialismus überzeugt und durch ihre Mitarbeit und ihre Taten in das System verstrickt. An der Person Hitler hing ihr gesellschaftlicher Erfolg und Status. Ihm verdankten sie Vieles. „Treue bis in den Tod“ war ein Schlüsselwort im „Dritten Reich“.

Die Attentatsplanung auf Hitler kam aus den Offizierskreisen des Heeres. Wäre das Attentat geglückt, hätte sich wahrscheinlich mancher aus der Schicht der Eliten der neuen Regierung angeschlossen und dadurch möglicherweise das „einfache“ Volk mitgezogen.

Ein Brief meiner Mutter
vom 22./23. Juli 1944
Zwei Tage nach dem Attentat auf Adolf Hitler

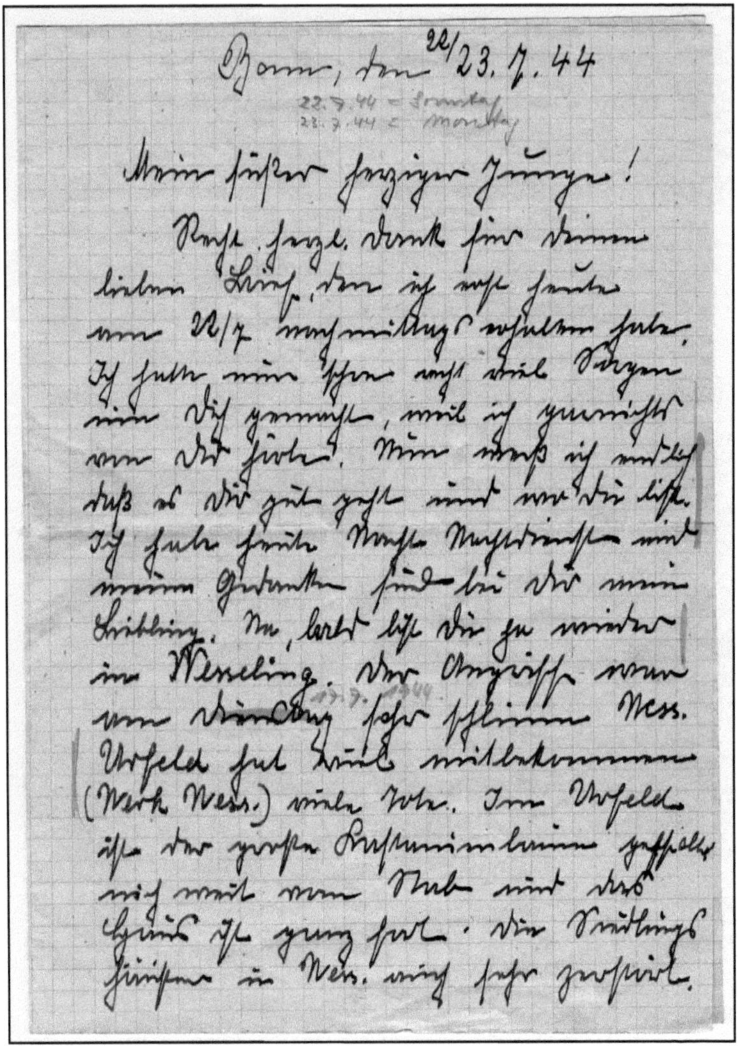

Bonn, den 22/23. 7. 44

22.7.44 = Sonntag
23.7.44 = Montag

Mein süßer herziger Junge!

Recht herzl. Dank für deinen lieben Brief, den ich erst heute am 22/7 nachmittags erhalten habe. Ich hatte mir schon recht viel Sorgen um Dich gemacht, weil ich garnichts von Dir hörte. Nun weiß ich endlich daß es Dir gut geht und wo Du bist. Ich habe heute Nacht Nachtdienst und meine Gedanken sind bei Dir mein Liebling. Nu, leider bist Du ja wieder in Wesseling. Der Angriff war am Dienstag sehr schlimm. Wess. Urfeld hat viel mitbekommen (Werk Wess.) viele Tote. In Urfeld ist der große Kastanienbaum [illegible] [illegible] mit dem [illegible] und das Haus ist ganz hin. Die [illegible] Kirchen in Wess. auch sehr zerstört.

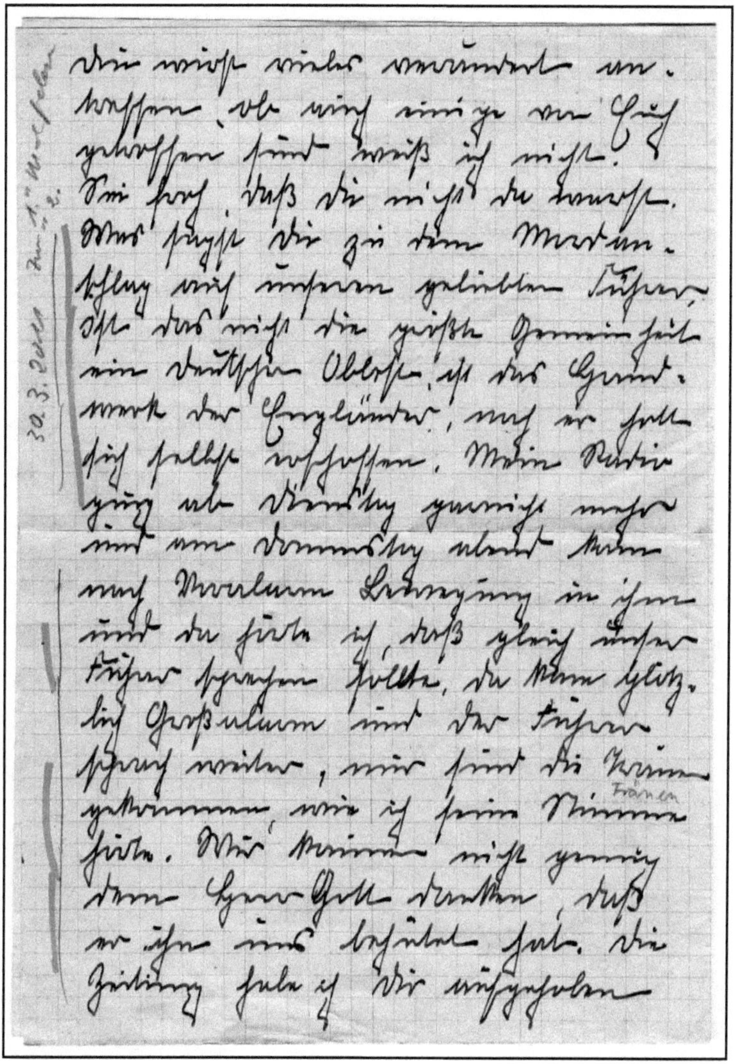

du wirst viele verwundet an-
treffen, ob auch einige von Euch
gestorben sind weiß ich nicht.
Ich hoffe, daß du nicht dabei warst.
Was sagst du zu dem Mordan-
schlag auf unseren geliebten Kaiser,
ist das nicht die größte Gemeinheit
ein deutscher Oberst ist das Grund-
werk der Engländer, auch er soll
sich selbst erschossen. Meine Katie
ging ab Dienstag garnicht mehr
und am Donnerstag abend kam
auf [illegible] [illegible] in ihm
und da hörte ich, daß gleich unser
Kaiser sprechen sollte, da kam plötz-
lich Großalarm und der Kaiser
sprach weiter, mir sind die Tränen
gekommen, wie ich seine Stimme (Tränen)
hörte. Wir können nicht genug
dem Herr Gott danken, daß
er ihn uns behütet hat. Die
Zeitung habe ich dir aufgehoben

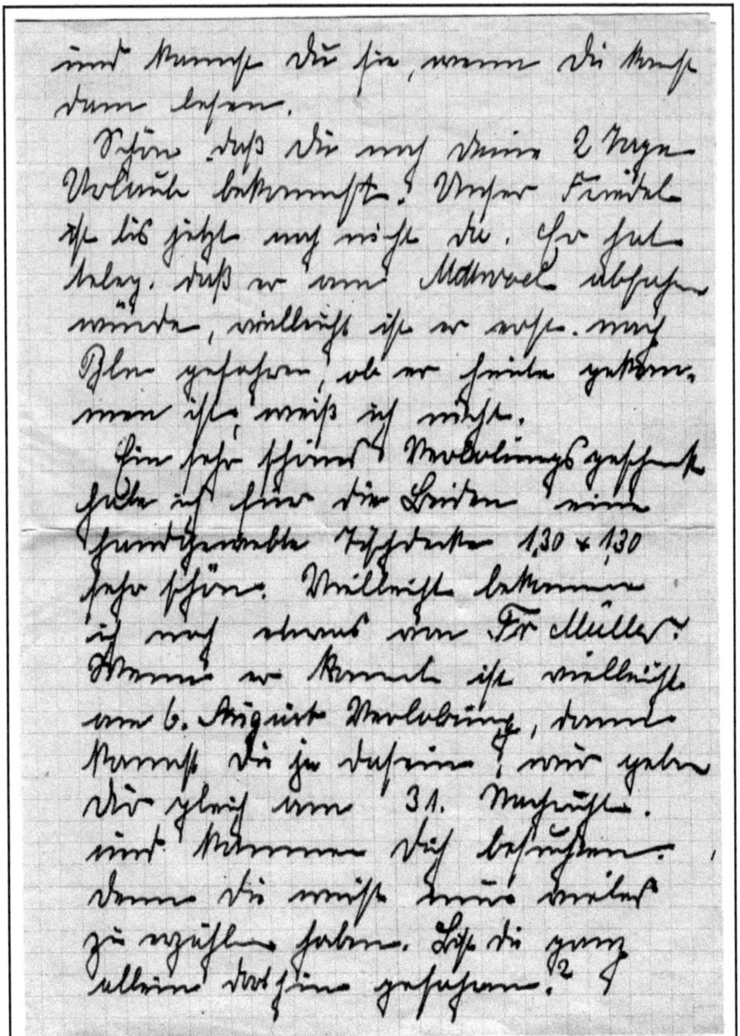

und kannst Du sie, wenn Du kannst dann lesen.

Schön, daß Du noch deine 2 Tage Urlaub bekommst? Unser Fründel ist bis jetzt noch nicht da. Er hat telegr. daß er am Mittwoch abfahren würde, vielleicht ist er erst noch Ihm gefahren, ob er heute gekommen ist, weiß ich nicht.

Ein sehr schönes Verlobungsgeschenk habe ich für die beiden eine handgewebte Tischdecke 1,30 x 1,30 sehr schön. Vielleicht bekomme ich noch etwas von Fr Müller. Wenn er kommt ist vielleicht am 6. August Verlobung, dann kannst Du ja dabei sein! Wir geben Dir gleich am 31. Nachricht. und können dich besuchen, denn du mußt unser Bruder zu erzählen haben. Bist du ganz allein dorthin gefahren?

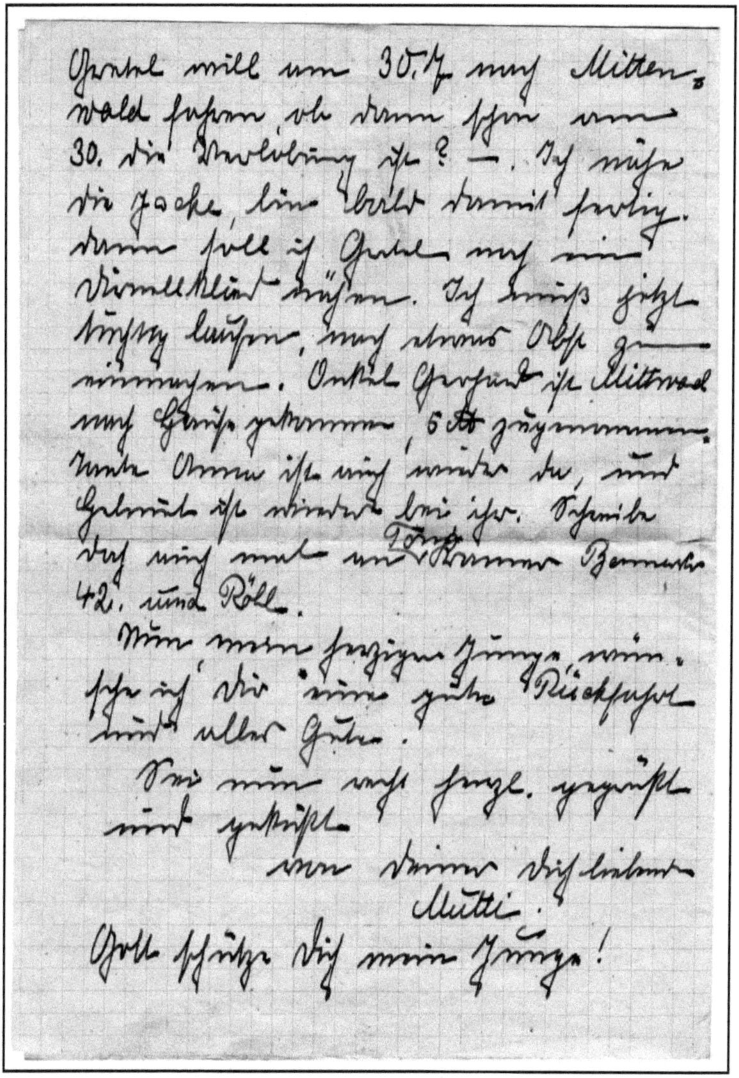

Gretel will am 30.7. nach Mitten-
wald fahren ob denn schon am
30. die Verlobung ist? —. Ich nähe
die Jacke, bin bald damit fertig.
dann soll ich Gretel noch ein
Dirndlkleid nähen. Ich muß jetzt
[illegible] laufen, noch etwas Obst zu
[illegible]. Onkel Gerhard ist Mittwoch
nach Hause gekommen, 6 Pfd zugenommen.
Tante Anna ist auch wieder da, und
Gertrud ist wieder bei ihr. Schreibe
doch auch mal an Tante Kramer Bernstr.
42. und Röll.

Nun mein herziger Junge wün-
sche ich dir eine gute Rückfahrt
und alles Gute.

Sei nun recht herzl. gegrüßt
und geküßt
von deiner dich liebenden
Mutti.

Gott schütze dich mein Junge!

Der Feldpostbrief meiner Mutter vom 22./23. Juli 1944, den sie mir während meines Aufenthaltes beim Flak-Ausbildungs- und Schießstab nach Mützenich bei Monschau schickte, enthält die Passage:

„Was sagst Du zu dem Mordanschlag auf unseren geliebten Führer. Ist das nicht die größte Gemeinheit, ein deutscher Oberst ist das Handwerk der Engländer, er hat sich selbst erschossen. Mein Radio ging ab Dienstag gar nicht mehr und am Donnerstagabend kam nach Voralarm Bewegung in ihm und da hörte ich, daß gleich unser Führer sprechen sollte. Da kam plötzlich Großalarm und der Führer sprach weiter, mir sind die Tränen gekommen, wie ich seine Stimme hörte. Wir können nicht genug dem Herrgott danken, daß er ihn uns behütet hat.“

Sonderbefehl !

Obgleich ich schon seit Januar 1944 zum Kriegshilfseinsatz als Luftwaffenhelfer eingezogen war, wurden an meine Heimatanschrift immer noch Dienstaufforderungen gesandt. So erhielt ich über meine Mutter den Sonderbefehl vom 22. August 1944. Wegen seiner Beispielhaftigkeit ist er nachstehend dokumentiert.

Sicher auch um einen Briefumschlag zu sparen, faltete der Absender des Sonderbefehls bei der Hitlerjugend Beuel das DIN-A-4-Blatt, auf dem dieser abgedruckt ist, auf Briefformat, verklebte das Gefaltete und adressierte und frankierte auf einem der Viertel der unbedruckten Seite. Interessant ist die Handschrift der Adresse: Sie dürfte von einem Kind stammen, möglicherweise von einem Hitlerjungen, der im Beueler Büro den Postdienst erledigte. Meine Mutter nutzte dann die drei noch freien Viertel für ein paar Zeilen an mich.

Es folgen der Sonderbefehl in Faksimile und danach die Zeilen meiner Mutter in Faksimile und Abschrift.

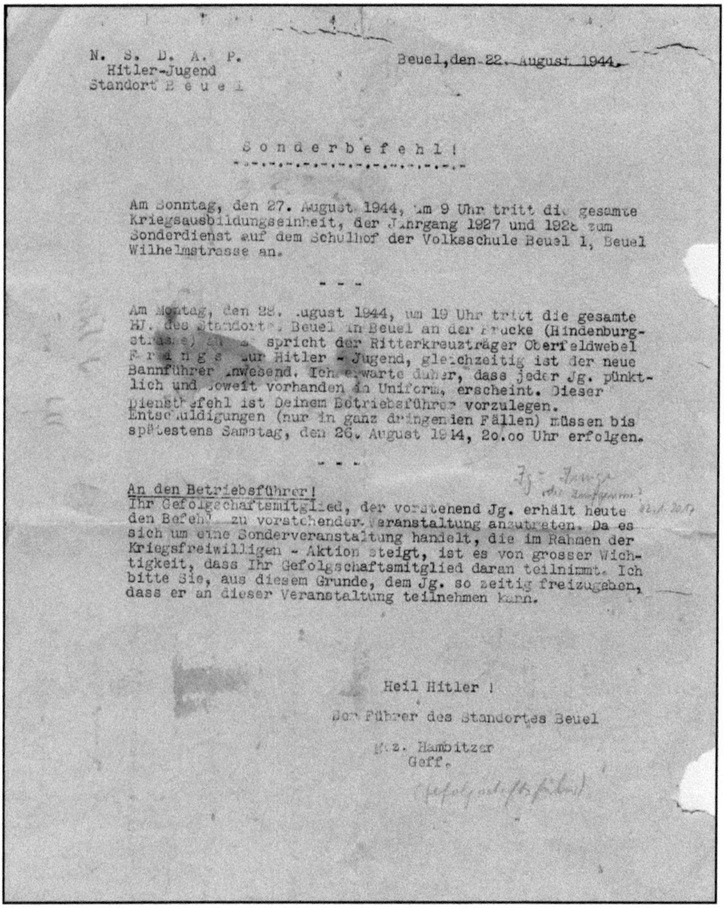

N. S. D. A. P.
Hitler-Jugend
Standort B e u e l

Beuel, den 22. August 1944.

S o n d e r b e f e h l !

Am Sonntag, den 27. August 1944, um 9 Uhr tritt die gesamte Kriegsausbildungseinheit, der Jahrgang 1927 und 1928 zum Sonderdienst auf dem Schulhof der Volksschule Beuel 1, Beuel Wilhelmstrasse an.

- - -

Am Montag, den 28. August 1944, um 19 Uhr tritt die gesamte HJ. des Standortes Beuel in Beuel an der Brücke (Hindenburgstrasse) an. Es spricht der Ritterkreuzträger Oberfeldwebel F r i n g s zur Hitler - Jugend, gleichzeitig ist der neue Bannführer anwesend. Ich erwarte daher, dass jeder Jg. pünktlich und soweit vorhanden in Uniform, erscheint. Dieser Dienstbefehl ist Deinem Betriebsführer vorzulegen.
Entschuldigungen (nur in ganz dringenden Fällen) müssen bis spätestens Samstag, den 26. August 1914, 20.oo Uhr erfolgen.

- - -

An den Betriebsführer!
Ihr Gefolgschaftsmitglied, der vorstenend Jg. erhält heute den Befehl zu vorstehender Veranstaltung anzutreten. Da es sich um eine Sonderveranstaltung handelt, die im Rahmen der Kriegsfreiwilligen - Aktion steigt, ist es von grosser Wichtigkeit, dass Ihr Gefolgschaftsmitglied daran teilnimmt. Ich bitte Sie, aus diesem Grunde, dem Jg. so zeitig freizugeben, dass er an dieser Veranstaltung teilnehmen kann.

Heil Hitler !

Der Führer des Standortes Beuel

gez. Hambitzer
Geff.

Jg = Junge
Geff. = Gefolgschaftsführer

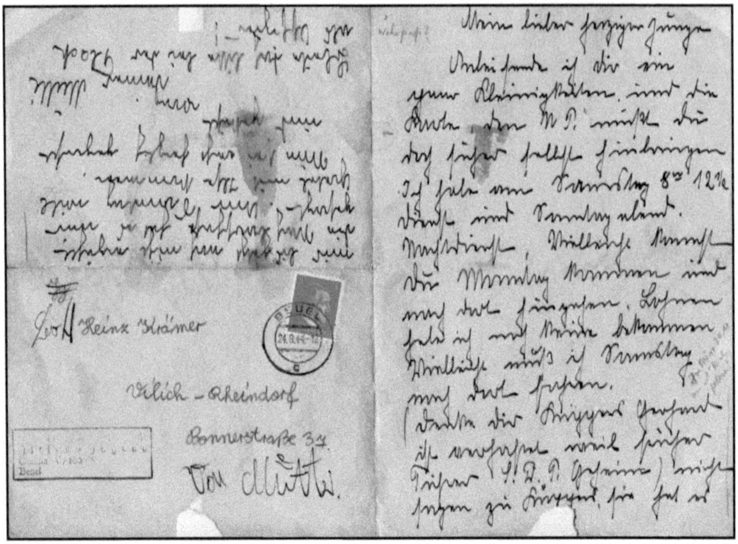

„Mein lieber herziger Junge

Anbei sende ich Dir ein paar Kleinigkeiten und die Karte, den WP. [Wehrpass] *musst Du doch sicher selbst hinbringen. Ich habe am Samstag* [26. August] *8.00 – 12 ½ Dienst und Sonntagabend Nachtdienst. Vielleicht kannst Du Montag kommen und nach dort hingehen. Bohnen habe ich noch keine bekommen. Vielleicht muß ich Samstag nach dort fahren. (Denke Dir Küppers Gerhard ist verhaftet weil früher Führer S.D.P. Geheim) nicht[s] sagen zu Küppers, sie hat es mir bis jetzt noch nicht erzählt, die Nachbarschaft hat es mir gesagt. Am Sonntag will Gretel mit Ilse kommen. Nun sei recht herzlich gegrüßt und geküßt von Deiner Mutti.*

Bleibe doch bitte bei der Flack als Offizier!“

Wie schon weiter oben berichtet: Gerhard Küppers war vor 1933 SPD-Vorsitzender in Beuel; er wohnte mit seiner Familie in der Etage über unserer Wohnung. Meine Mutter schreibt tatsächlich „S.D.P.“ und auch „Flack“ mit „ck“. („Flak“ ist eine Abkürzung des Worts „**Flug**a**bwehrk**ano-ne“.)

Ramershoven/Peppenhoven bei Rheinbach

Im Juni und Juli des Jahres 1944 wurde das von uns zu schützende Hydrier-Werk durch Bombenangriffe anglo-amerikanischer Flugzeuge zerstört. Unsere Batterie wurde daraufhin Anfang September zu einem Feldflugplatz zwischen Ramershoven und Peppenhoven bei Rheinbach verlegt. Auf dem Platz standen Stukas vom Typ Ju 87 – „Stuka“ ist die Abkürzung für Sturzkampfflugzeuge des Flugzeugbauers Junkers – unter Tarnnetzen versteckt. Von den Besatzungen habe ich keinen gesehen. Unsere drei Kanonen standen ungeschützt auf einem freien Stoppelfeld. Wir waren alle zusammen – ca. 20 Mann – in einem großen Zelt untergebracht. Nachts mussten wir mit einem Karabiner bewaffnet Wache schieben. Alle Stunde musste man den Nachfolger zur Ablösung wecken. Ich setzte mich einmal auf einen Strohballen draußen am Zelt und schlief ein. Mein Unteroffizier entdeckte mich morgens. Es blieb bei einer Ermahnung. Für einige Kameraden brachte mein „Fehlverhalten“ den Vorteil, dass ihr Wachdienst entfallen war.

Die Luftüberlegenheit der feindlichen Jagdflieger nahm immer weiter zu. Am 08. September 1944 griffen amerikanische Jabos (Jagdbomber) vom Typ Thunderbolt unsere Stellung an. Beim direkten Anflug eines Jabos konnte ich das Mündungsfeuer, die Bemalung der Maschine und das Gesicht des Flugzeugführers erkennen. Ich gab mit meiner Kanone einige Schüsse ab. Dann hatten wir Ladehemmung, wahrscheinlich hervorgerufen durch Sand an der Munition. Wir verließen das Geschütz und ich suchte zuerst Schutz hinter einem Munitionsstapel. Da mir das aber zu gefährlich erschien, legte ich mich einige Meter weiter in eine Furche am Rande des Feldes. Ich hoffte, dass mich die Jabos nicht entdeckten; denn sie schossen auf alles, was sich bewegte. Ich kam mir ziemlich einsam, verlassen und hilflos vor.

Nach dem Angriff brannten alle Stukas und unser Zug hatte drei Tote zu beklagen. Es waren unser Zugführer Oberwachtmeister Krüger, mein Klassennebenmann Klaus Reimann, Jahrgang 1928 – also 16 Jahre alt – und ein weiterer Luftwaffenhelfer aus dem Kreis der Lehrlinge. Ich sah den Zugführer mit zerschmettertem Kinn neben seinem Maschinengewehr, das sich auf einer Stütze in der Mitte der im Dreieck aufgestellten drei Flakgeschütze befand, tot liegen. Wahrscheinlich hat er mit seinem MG auf die Jabos geschossen. Am 14. September 1944 begruben wir Klaus mit militärischen Ehren auf dem Bonner Nordfriedhof.

Klaus Reimann
Luftw.-Helfer u. Schül. d. Kalkuhlschen Obersch., Oberkassel
In tiefer Trauer: **Frau Anne Reimann geb. Coldere, Hanns Reimann, z. Zt. im Osten, Horst Reimann.**
Bonn, Lisztstraße 2.
Beerdigung Donnerstag, 14. 9., 16.15 Uhr, Nordfriedhof.

Aus einem der zerstörten Stukas „organisierte" ich mir eine Leuchtpistole. Ich war darauf sehr stolz und bewahrte sie zu Hause auf. Als bei Kriegsende Hausbewohner in ihren Häusern – wie auch in unserer Wohnung – NS-Bilder abhängten und Waffen beseitigten, wurde in meiner Abwesenheit auch meine Leuchtpistole „entsorgt". Als ich aus der Gefangenschaft zurückkehrte, stellte ich mit Bedauern fest, dass die Pistole weg war.

Kurz nach dem Angriff und dem „Heldentod" meines Klassenkameraden erhielt ich den Feldpostbrief meiner Mutter vom 08. September 1944. Als sie ihn verfasste, wusste sie noch nichts von dem Angriff und dem Tod des Mitschülers. Sie schrieb mir:

„Mein innigst geliebter Junge!

Deine Mutti war in so großer Sorge um Dich, wie mir Frl. Luhmer sagte Du wärest fort. Da dachte ich zum Westwall zur Flak und wußte nun nicht mehr, wo Du warst. Heute morgen habe ich Frau Werner angerufen und die sagte, Ihr seid in Ramershoven bei Rheinbach ... Denn Du sollst doch wissen, daß Du eine Mutti hast, die an Dich immer denkt. Meine Gedanken sind bei Dir, denn ich habe ja nur Dich auf der Welt. Hoffentlich bekomme ich bald Post von Dir. Mein lieber Junge, wir müssen jetzt tapfere Menschen sein und ganz unsere Pflicht tun, denn es geht jetzt um Sein und Nichtsein und wir müssen fest hinter unserem Führer stehen, denn er wird uns zum Siege führen und der liebe Gott wird ihm helfen. Hast du vorgestern die Rede vom Führer gehört um 24:00 Uhr? Ich leider nicht. Sie ist nicht wiederholt worden. ..."

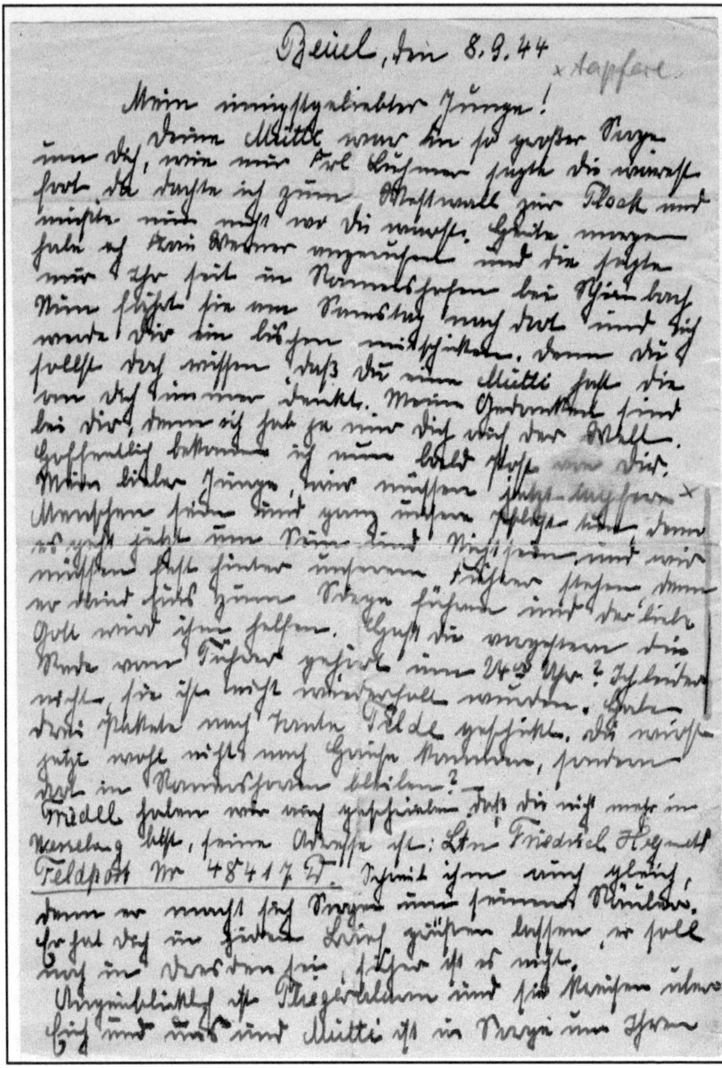

Beuel, den 8.9.44

x tapfere

Mein innigstgeliebter Junge!

Deine Mutti war in so großer Sorge um dich, wie mir Frl. Lühmer sagte du wärst fort da dachte ich zum Westwall zur Flack und wußte nun nicht wo du wärst. Heute morgen habe ich Frau Weber angerufen und die sagte mir Ihr seid in Neunkirchen bei Siegburg. Nun schickt sie am Samstag noch dort und ich werde dir ein bißchen mitschicken, denn du sollst doch wissen, daß deine Mutti stets an dich immer denkt. Meine Gedanken sind bei dir, denn ich hab ja nur dich auf der Welt. Hoffentlich bekomme ich nun bald Post von dir. Mein lieber Junge, wir müssen jetzt tapfere Menschen sein und ganz unsere Pflicht tun, denn es geht jetzt um Sein und Nichtsein, und wir müssen fest hinter unserem Führer stehen, denn er wird uns zum Siege führen und der liebe Gott wird ihm helfen. Hast du morgens die Rede vom Führer gehört um 4½ Uhr? Ich konnte nicht, sie ist leider nicht wiederholt worden. Heute habe ich Paket nach Hause Felde geschickt. Du wirst jetzt noch nicht nach Hause kommen, sondern doch in Neunkirchen bleiben? –

Friedel haben wir noch geschrieben, daß du nicht mehr in Wesseling bist, seine Adresse ist: Ltn Friedrich Heymelt Feldpost Nr 48417 D. Schreib ihm mal gleich, denn er macht sich Sorge um seinen Kleinen. Er hat dich im [illegible] Brief grüßen lassen, er soll auch in Dresden sein, schön ist es nicht.

Augenblicklich ist Fliegeralarm und die Menschen über sich und und Mutti ist in Sorge um ihren

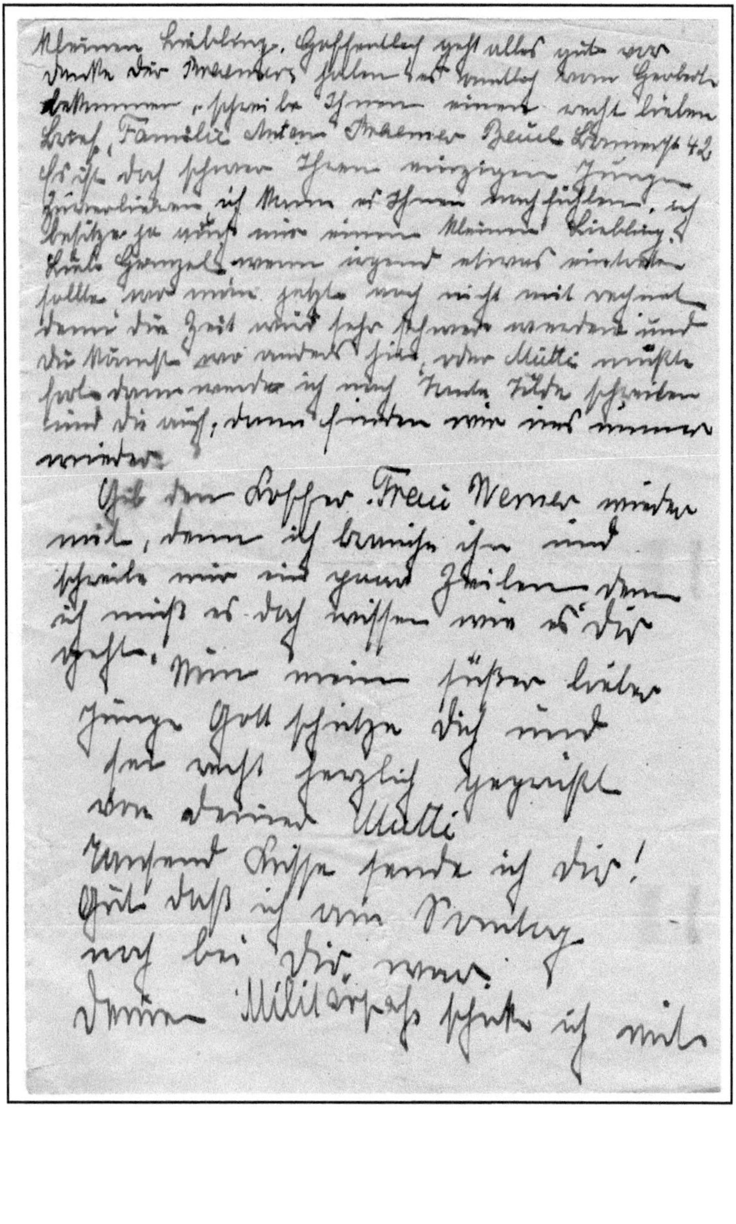
kleinen Liebling. Hoffentlich geht alles gut [illegible]
[illegible]
[illegible]
[illegible] Familie Anton Krämer Beuel [illegible] 42
Es ist doch schwer Ihren einzigen Jungen
[illegible] ich kann es Ihnen nachfühlen, ich
besitze ja auch nur einen kleinen Liebling.
[illegible]
[illegible]
[illegible]
[illegible] Mutti [illegible]
[illegible]
[illegible]
[illegible]
Gib den Koffer Frau Werner wieder
mit, denn ich brauche ihn und
schreibe mir ein paar Zeilen denn
ich muß es doch wissen wie es dir
geht. Nun mein süßer lieber
Junge Gott schütze dich und
sei recht herzlich gegrüßt
von deiner Mutti
Tausend Küsse sende ich dir!
Gut daß ich ein [illegible]
noch bei dir war.
Deinen Militärpaß schicke ich mit

Von meiner Tante Meta Heymert und meinem Onkel Gerhard Heymert, die mich immer mit meinem zweiten Vornamen ansprachen, erhielt ich zwei Tage später – geschrieben am 10. September 1944 – den folgenden Doppelbrief. Inzwischen war man in Beuel über den Angriff auf uns in Ramershoven und den Tod von Klaus Reimann informiert.

Der Doppelbrief hat mich zunächst nicht erreicht. Beide Briefe dokumentiere ich ungekürzt. Ich meine, sie sprechen für sich:

„Beuel, den 10.9.1944
Mein lieber Heinzel!
Ich danke dem lieben Gott, daß er Dich, mein lieber Junge, hat in seinen gnädigen Schutz genommen und dich uns erhalten. Mein Junge, das war ja furchtbar, was Ihr arme Jungens mitgemacht habt. Da hast Du dem Tod und dem Ernst des Lebens zum ersten Mal ins Auge gesehen. Ihr seid doch noch solche Kinder im Gemüt und deshalb trifft es Euch doppelt hart. Es ist bitter, sich von lieben Kameraden in solcher Weise trennen zu müssen. Dieses Furchtbare erleben Eure Kameraden draußen an der Front täglich. Solche Erlebnisse machen Kinder zu Männer. Man kann sich niemals fest genug einprägen: ‚Gott strafe England.' Und wir lieben vereint, wir hassen vereint, wir haben alle nur einen Feind: England! So sagte man schon 1914 und so wird es stets für immer bleiben. Das ist keine faire Kriegsführung, das ist Meuchelmord. Heute Mittag haben sie hier in Beuel auch im Tiefflug und mit Bordwaffen einen Zug beschossen. Zum Glück stand er in der Halle. Ich habe mich furchtbar wegen Dir, meinem l. Jungen,

aufgeregt. Nun habe ich zwei Jungens draußen, um die ich sorgen und bangen muß. Möge der l. Gott geben, daß der Krieg bald zu Ende ist, und ich Euch, l. beiden Jungen, wieder bei mir habe. Mein lieber Heinzel, wenn nun das Trübe und Furchtbare eine Zeitlang vorbei ist, dann laß Dich nicht von diesem Trüben niederdrücken, sondern bewahre Dir Deinen sonnigen Sinn und Deine unbeschwerte Jugend. Sieh, unser l. Friedel hat schon sehr viel Trauriges mitgemacht, und ist noch immer der sonnige Mensch. Wenn Deine l. Mutti wieder zu Dir kommt, schicke ich Dir einen Kuchen mit. Nun, mein lieber, guter Heinzel, leb' herzlich wohl.

Innige Küsse

Deine Tante Meta

Gott schütze Dich, mein lieber Junge."

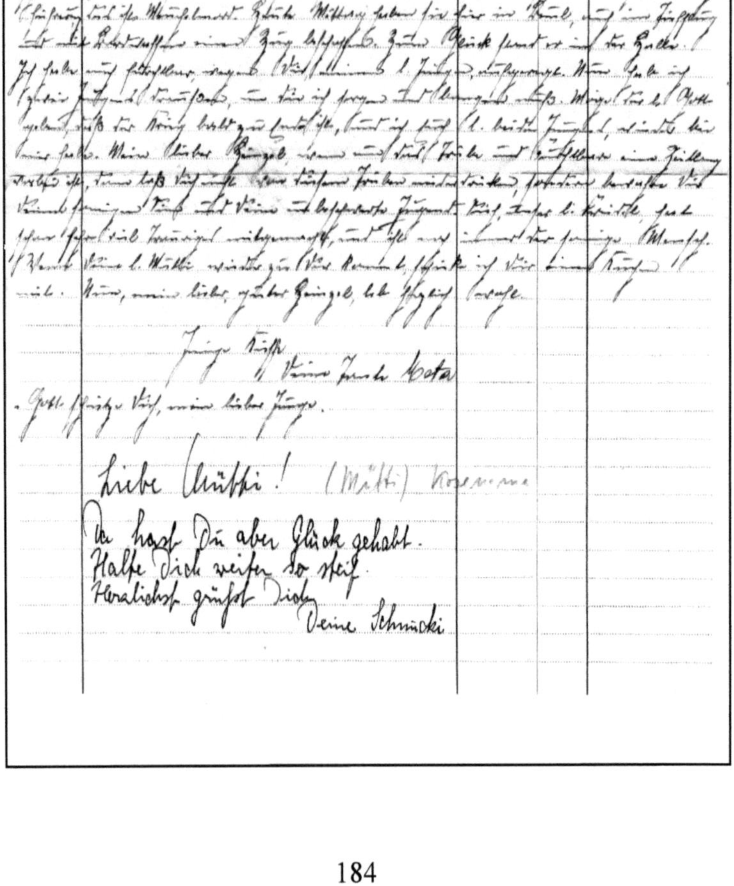

10.9.44.

Gott schütze Dich, mein lieber Junge.

Liebe Mutti! (Mütti)

Da hast Du aber Glück gehabt.
Halte Dich weiter so steif.
Herzlichst grüßt Dich
Deine Schnucki

Lieber Heinz!

Jetzt kommt zu Dir in Zeilen auch Dein Baas. Die jetzigen Ereignisse mit dem totalen Einsatz verknüpft bedeuten den Höhepunkt des Krieges. Es lag ja schon immer klar auf der Hand, daß wir schwere Zeiten erleben würden. Da sind wir jetzt gelandet. Starke Nerven, klarer Blick und Geistesgegenwart mit unbeschreiblichem Mut sind von unseren Frontsoldaten bisher bewiesen. Und so wird und muß es auch bleiben. Zum Endsieg führt dann die innere Haltung der Soldaten, zu denen ich Dich auch heute zählen muß angesichts Deiner Aufgabe. Wenn wir noch einige Zeit weiter ausgeharrt haben, werden wir auch wieder gefestigter im Westen mit unseren Feinden abrechnen können.

Heute wurde übrigens durch Radio über das Urteil des Restes der Verräter-Clique gesprochen. Tod durch den Strang für alle die Burschen, so lautet das mit allem Recht gesprochene Urteil. Hoffentlich laufen nicht noch mehr solcher Kreaturen zwischen unseren Reihen herum.

Nun, mein lieber Bub, tapfer weiter alles Gute. Auch dies geht einst vorbei.

Also Soldatenglück und Heil Hitler!

Dein Onkel!

(Baas)“

Lieber Heinz!

Jetzt kommt zu dir in Zeilen auch dein Baaß. Die jetzigen Ereignisse mit dem totalen Einsatz verknüpft bedeutet den Höhepunkt des Krieges. Es lag ja schon immer klar auf der Hand, daß wir schwere Zeiten erleben würden. Da sind wir jetzt gelandet. Starke Nerven, klarer Blick und Geistesgegenwart mit unbeschreiblichem Mut sind von unseren Frontsoldaten bisher bewiesen. Und so wird und muß es auch bleiben. Zum Endsieg führt dann die innere Haltung der Soldaten, zu denen ich dich auch heute zählen muß angesichts deiner Aufgabe. Wenn wir noch einige Zeit weiter ausgeharrt haben werden wir auch wieder gefestigter im Westen mit unseren Feinden abrechnen können.

Heute wurde übrigens durch Radio über das Urteil des Restes der Verräter Clique gesprochen. Tod durch den Strang für alle die Burschen, so lautet das mit allem Recht gesprochene Urteil. Hoffentlich laufen nicht noch mehr solcher Kreaturen zwischen unseren Reihen herum.

Nun mein lieber Bub tapfer weiter und alles Gute. Auch dies geht einst vorbei.

Also Soldatenglück u. Heil Hitler!

Dein Onkel!

(Baaß.)

Feldpost
BONN 1
11.9.44-16
Zurück an Absender.
Neue Anschrift abwarten.
Luftw. Helfer
Gerhard Kraemer

Wahner Heide

Da ein Verbleiben in Rheinbach nicht mehr notwendig war, weil – wie schon in Wesseling – alles zerstört worden war, was wir bis dahin zu schützen hatten, wurden wir Ende September 1944 zu einem Flugplatz in der Wahner Heide verlegt. Heute ist das der Köln-Bonner Flughafen. Hier erinnere ich mich an einen besonderen Vorfall: Ein Schäfer trieb eine Herde Schafe durch unsere Stellung. Unsere russischen Kriegsgefangenen fragten, ob sie ein Schaf „organisieren" dürften. Sie bekamen die Zustimmung und am nächsten Tag genossen wir einen köstlichen Lammbraten.

Im September 1944 erhielt einer nach dem anderen von uns aus dem Jahrgang 1927 den Einberufungsbefehl zum Reichsarbeitsdienst (RAD). Endlich kam auch meine Einberufung und ich war froh, den Luftwaffenhelferdienst am 06. Oktober 1944 beenden zu können. Damit war ich meinem Ziel, ein „echter" Soldat zu werden, wieder ein Stück näher gekommen. Vor dem Dienstantritt beim Reichsarbeitsdienst konnte ich einige Tage zu Hause bei meiner Mutter verbringen.

Als Anerkennung für den Dienst bei der Flak erhielt ich diese Urkunde:

DER HITLERJUNGE

Gerhard Kraemer

GEBOREN AM 15.10.27

HAT VOM 14.1.44 BIS 6.10.44 DER LUFTWAFFE ALS LUFTWAFFENHELFER ANGEHÖRT

ANLÄSSLICH SEINES AUSSCHEIDENS WIRD IHM HIERDURCH FÜR DEN DEM VATERLAND IN JUNGEN JAHREN GELEISTETEN KRIEGSHILFSDIENST DANK UND ANERKENNUNG AUSGESPROCHEN

DIE EINHEIT: L 28468

DER BATTERIECHEF:

VII. Reichsarbeitsdienst (RAD)
12. Oktober bis 15. Dezember 1944

In dieser Zeit versah ich meinen Arbeitsdienst in einem Lager in Bühren bei Wildeshausen. Wildeshausen liegt auf halber Strecke zwischen Cloppenburg und Bremen. Es hat mir dort gut gefallen. Das Essen war viel besser als bei der Flak. Der Spaten diente uns auch als Exerziergerät. Mit ihm mussten wir „Griffe kloppen“: „Spaten über!“, „Präsentiert den Spaten!“, „Spaten ab“, „Habt acht!“. So lauteten jeden Tag die Kommandos.

Das Mittagessen wurde gemeinsam mit den Vorgesetzten eingenommen. Es war üblich, dass vor dem Essen ein Arbeitsmann – so nannte man uns – einen Tischspruch aufsagte. Jeder kam mal dran. Einige Sprüche habe ich mir notiert:

„Es isst der Mensch,
es frisst das Pferd,
doch manchmal ist es
umgekehrt.“
„Nun esset ein jeder
soviel er hat
und werde satt.“
„Lange Reden – kurzer Sinn:
Nehmt den Löffel und haut rin!“
„Es wird behauptet und mit Grund:
ein nützlich‘ Werkzeug ist der Mund.“
„Kameraden, lasst Euch nieder,
stärkt den Magen und die Glieder.“
„Wir haben Hunger,

die Arbeit war groß.
Vor Euch steht das Essen,
jetzt geht's los!"
„Bescheidenheit, Bescheidenheit,
verlass mich nicht bei Tische
und hilf, dass ich zu jeder Zeit
das größte Stück erwische."
„Wer trocken Brot mit Lust genießt,
dem wird es gut bekommen.
Wer Sorgen hat und Braten isst,
dem wird das Mahl nicht frommen."
„Ein Mensch, der sich ein Schnitzel briet,
bemerkte, dass es ihm missriet.
Jedoch, da er es selbst gebraten,
tat er als wär es ihm geraten.
Und um sich nicht zu strafen Lügen
isst er's mit herzlichem Vergnügen."
„Wer aber recht bequem ist und faul,
flöge dem eine gebratene Taube ins Maul,
er würde sich's verbitten,
wäre sie nicht auch zugeschnitten."
„Lasst uns das Mahl verzehren,
des Bauern Arbeit ehren,
des Landes Reichtum mehren,
dem Unheil tapfer wehren."
„Kameraden stehen auf Teufel und Tod.
Wir halten zusammen und teilen das Brot."

Die Stuben waren mit 24 Arbeitsmännern belegt. Wir schliefen in Zwei-Etagen-Betten. Über mir lag ein sehr netter Kamerad, und wir teilten uns auch ein gemeinsames

Spind. Wir verstanden uns besonders gut und schlossen Freundschaft. Er kam aus der Gegend von Bergheim und wohnte auf Schloss Paffendorf. Sein Name war Gerad Freiherr v.d. Bongart. Sein Vater war Oberst bei der Luftwaffe. Leider ist Gerad aus dem Krieg nicht zurückgekehrt, was ich tief bedauert habe. Nach dem Krieg hatte ich noch Briefverkehr mit seiner Schwester.

Als wir entlassen werden sollten, fragte mich der Vormann, ob ich nicht beim RAD bleiben wolle. Ich lehnte es ab, weil ich unbedingt zur Wehrmacht und Offizier werden wollte. Nach wie vor konnte ich mir eine Niederlage des Vaterlandes nicht vorstellen. Andernfalls wäre ich beim RAD geblieben, hätte dort eine ruhige Kugel geschoben und das Kriegsende abgewartet.

Eine Bescheinigung vom 25. November 1944, die ich noch besitze und die dokumentiert, dass ich beim RAD in der Zeit vom 17. Oktober bis 10. November gegen Diphtherie, Scharlach, Typhus und Cholera geimpft wurde, veranlasst mich darauf hinzuweisen, dass wir während unseres Kampfeinsatzes als Luftwaffenhelfer und später auch als Soldat keinerlei Medikamente, Drogen oder andere Aufputschmittel – wie z.B. Pervitin – erhalten haben, um unsere Einsatzfähigkeit während der nächtlichen Alarme bzw. Kämpfe zu erhöhen. Ich erwähne das, weil heute immer häufiger behauptet wird, dass deutsche Soldaten vor Kampfeinsätzen systematisch mit solchen Mitteln ausgestattet wurden.

Im Reichsarbeitsdienst (RAD) 1944

VIII. Wehrmacht
22. Dezember 1944 bis 8. Mai 1945
und
Internierung
9. Mai bis 13. August 1945

Musterung

Noch als 16-jähriger Luftwaffenhelfer war ich am 22. Januar 1944 beim Wehrbezirkskommando in der Ermekeilkaserne in Bonn für den Militärdienst gemustert worden. Den Wehrmachtsteil konnte man sich prinzipiell aussuchen. Für mich kam nur die Luftwaffe in Betracht. Das Ergebnis der Musterung war für mich enttäuschend, weil ich den Anforderungen der Luftwaffe nicht genügte. Zum Dienst im Heer wurde ich allerdings als tauglich eingestuft. Daraufhin bewarb ich mich für die Reserve-Offizierlaufbahn (ROB) des Heeres. Mit Schreiben vom 31. August 1944 wurde ich angenommen.

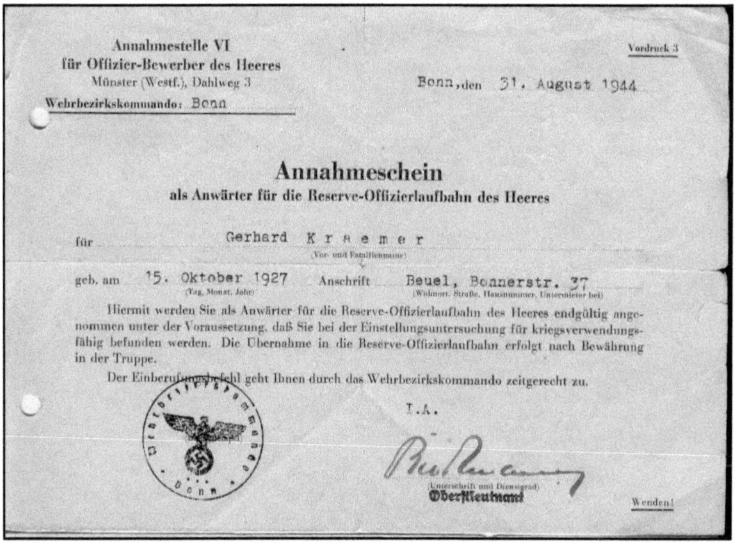

Annahmestelle VI
für Offizier-Bewerber des Heeres
Münster (Westf.), Dahlweg 3

Vordruck 3

Wehrbezirkskommando: Bonn

Bonn, den 31. August 1944

Annahmeschein

als Anwärter für die Reserve-Offizierlaufbahn des Heeres

für Gerhard Kraemer
(Vor- und Familienname)

geb. am 15. Oktober 1927 (Tag, Monat, Jahr) Anschrift Beuel, Bonnerstr. 37 (Wohnort, Straße, Hausnummer, Untermieter bei)

Hiermit werden Sie als Anwärter für die Reserve-Offizierlaufbahn des Heeres endgültig angenommen unter der Voraussetzung, daß Sie bei der Einstellungsuntersuchung für kriegsverwendungsfähig befunden werden. Die Übernahme in die Reserve-Offizierlaufbahn erfolgt nach Bewährung in der Truppe.

Der Einberufungsbefehl geht Ihnen durch das Wehrbezirkskommando zeitgerecht zu.

Wehrbezirkskommando Bonn

I.A.

(Unterschrift und Dienstgrad)
Oberleutnant

Wenden!

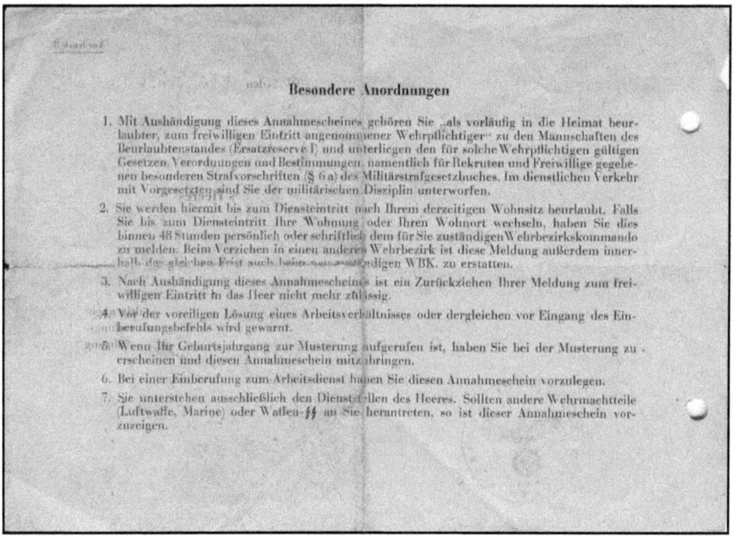

Besondere Anordnungen

1. Mit Aushändigung dieses Annahmescheines gehören Sie „als vorläufig in die Heimat beurlaubter, zum freiwilligen Eintritt angenommener Wehrpflichtiger“ zu den Mannschaften des Beurlaubtenstandes (Ersatzreserve I) und unterliegen den für solche Wehrpflichtigen gültigen Gesetzen, Verordnungen und Bestimmungen, namentlich für Rekruten und Freiwillige gegebenen besonderen Strafvorschriften (§ 6 a) des Militärstrafgesetzbuches. Im dienstlichen Verkehr mit Vorgesetzten sind Sie der militärischen Disziplin unterworfen.
2. Sie werden hiermit bis zum Diensteintritt nach Ihrem derzeitigen Wohnsitz beurlaubt. Falls Sie bis zum Diensteintritt Ihre Wohnung oder Ihren Wohnort wechseln, haben Sie dies binnen 48 Stunden persönlich oder schriftlich dem für Sie zuständigen Wehrbezirkskommando zu melden. Beim Verziehen in einen anderen Wehrbezirk ist diese Meldung außerdem innerhalb der gleichen Frist auch beim neu zuständigen WBK. zu erstatten.
3. Nach Aushändigung dieses Annahmescheines ist ein Zurückziehen Ihrer Meldung zum freiwilligen Eintritt in das Heer nicht mehr zulässig.
4. Vor der voreiligen Lösung eines Arbeitsverhältnisses oder dergleichen vor Eingang des Einberufungsbefehls wird gewarnt.
5. Wenn Ihr Geburtsjahrgang zur Musterung aufgerufen ist, haben Sie bei der Musterung zu erscheinen und diesen Annahmeschein mitzubringen.
6. Bei einer Einberufung zum Arbeitsdienst haben Sie diesen Annahmeschein vorzulegen.
7. Sie unterstehen ausschließlich den Dienststellen des Heeres. Sollten andere Wehrmachtteile (Luftwaffe, Marine) oder Waffen-SS an Sie herantreten, so ist dieser Annahmeschein vorzuzeigen.

Viele Schüler der höheren Schulen haben sich für die Reserve-Offizierlaufbahn beworben. Alle Wehrmachtsteile (Heer, Luftwaffe und Kriegsmarine) und auch die Waffen-SS waren bemüht, uns anzuwerben.

Wenn ich nun nicht in der Luftwaffe Dienst leisten konnte, sondern „nur“ beim Heer, so wollte ich dies dann schon bei einer besonderen Einheit tun. Ich bewarb mich also bei der Panzergrenadier-Division „Großdeutschland“. Am 29. November 1944 – ich war jetzt 17 Jahre alt – erhielt ich von der Annahmestelle Ersatz-Brigade (mot) Großdeutschland in Cottbus die Aufforderung, entsprechende Unterlagen auszufüllen und einzusenden.

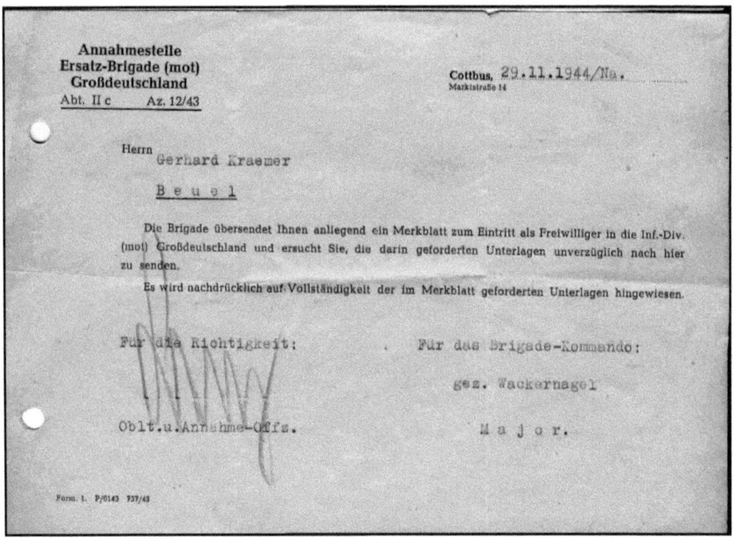

Annahmestelle
Ersatz-Brigade (mot)
Großdeutschland
Abt. II c Az. 12/43

Cottbus, 29.11.1944/Na.
Marktstraße 14

Herrn
Gerhard Kraemer

Beuel

Die Brigade übersendet Ihnen anliegend ein Merkblatt zum Eintritt als Freiwilliger in die Inf.-Div. (mot) Großdeutschland und ersucht Sie, die darin geforderten Unterlagen unverzüglich nach hier zu senden.

Es wird nachdrücklich auf Vollständigkeit der im Merkblatt geforderten Unterlagen hingewiesen.

Für die Richtigkeit:

Oblt.u.Annahme-Offz.

Für das Brigade-Kommando:

gez. Wackernagel

Major.

Form. L. P/0143 737/43

Ich weiß noch, dass mich das Wort „Ersatz-Brigade“ gestört hat. Es passte nicht in meine Vorstellungen; denn das Wort „Ersatz“ erschien mir abwertend.

Einberufung

Als ich nach der Entlassung aus dem Reichsarbeitsdienst am 15. Dezember 1944 in Bonn wieder ankam, sah ich die Zerstörungen in der Stadt, die durch den großen Bombenangriff am 18.10.1944 verursacht worden waren. Kurz nach meiner Ankunft erhielt ich den Einberufungsbefehl nach Brandenburg. Man händigte mir in der Ermekeilkaserne wegen der immer mehr durch Bombenangriffe gestörten Postverbindungen einen verschlossenen Umschlag mit allen Unterlagen über mich aus, mit der Aufforderung, sie bei meiner neuen Einheit abzugeben.

Weihnachten 1944:
Mein Vetter Friedel Heymert und seine frisch ihm angetraute Frau Ilse Heymert, geb. Müller

Mein Vetter Friedel Heymert, Leutnant im Heer, hatte Fronturlaub und wollte seine Braut, Ilse Müller, Weihnachten heiraten. Gerne hätte er mich dabeigehabt. Er ging mit mir zum Wehrbezirkskommando, um meine Einberufung um einige Tage verschieben zu lassen. Ich kam mir gerade auf diesem Weg sehr klein vor und hätte nicht gewusst, wie man sich vor den „hohen“ Herren ausdrücken sollte. Doch auch mein Vetter in Offiziersuniform konnte eine Verschiebung nicht erreichen.

Es war das letzte Mal, dass ich meinen Vetter Friedel gesehen habe. Nach seiner Hochzeit kehrte er zu seiner Einheit zurück und galt ab März 1945 als vermisst. Viele Feldpostbriefe von ihm und an ihn sind noch in meinem Besitz.

Als ich unsere Wohnung verließ, um endlich Soldat zu werden, habe ich nicht daran gedacht, dass der Krieg verloren gehen könnte. Ich vernichtete keine Unterlagen und hängte auch keine Hitlerbilder ab. Mir war auch nicht bewusst, dass die Alliierten schon an Deutschlands Grenze standen. Ich glaubte nach wie vor an den „Endsieg“.

Aber es gab nach der Niederlage in Stalingrad auch immer mehr Menschen, die die Situation anders sahen und nicht mehr so „gläubig“ waren. Allerdings musste, wer den Kampf gegen die Feinde Deutschlands nicht mehr unterstützte und den „Endsieg“ öffentlich anzweifelte, mit dem Schlimmsten (Todesstrafe) rechnen. So war die Situation noch bis zu den letzten Kriegstagen.

Nach dem Krieg kam mir schon mal der Gedanke, warum bist du mit den ganzen Unterlagen aus der Ermekeilkaserne in der Hand nicht einfach untergetaucht? – Diese Überlegung war damals in jeder Beziehung für mich unrealistisch. Abgesehen davon hätte jeder mich anzeigen können: Warum bist du nicht beim Militär? Das hätte den sicheren Tod bedeutet. Und auch: Woher erhalte ich Lebensmittelkarten?

Brandenburg

Wohl versehen mit Koffer und Margarinekarton, in dem sich der selbstgebackene Weihnachtsstollen meiner Mutter befand, stieg ich am 23. Dezember 1944 nachmittags in Beuel in den Personenzug nach Köln. Kurz nach Porz wurde unser Zug von Jabos beschossen. Die Schienen und die Lokomotive waren beschädigt. Wir mussten alle aussteigen und zu Fuß über das Gleisbett zum Bahnhof Köln-Deutz gehen. Von dort ging es weiter mit der Eisenbahn über Leipzig und Berlin nach Brandenburg. Am Heiligen Abend 1944 fuhr ich also mit dem Zug quer durch Deutschland. Ich konnte am Frühabend in manche Fenster hineinschauen, wo der Weihnachtsbaum schon leuchtete. Zum ersten Mal war ich Weihnachten nicht zu Hause. Da sind wohl einige Tränen geflossen. Gegen Mitternacht kam ich im Leipziger Hauptbahnhof an. Es herrschte großer Trubel. Jeder durchreisende Soldat bekam ein Weihnachtspaket mit einem Stollen. Ich auch, obgleich ich noch in Zivil gekleidet war, gegen Vorlage des Einberufungsbefehls.

In der Generalfeldzeugmeister-Kaserne in Brandenburg kam ich am ersten Weihnachtstag an. Wegen der Feiertage war niemand da, um uns zu registrieren. Wir mussten zwei Tage lang mit ca. 300 Mann in einer großen Turnhalle die Zeit totschlagen und von der eigenen Verpflegung leben. Nach Weihnachten wurden wir eingekleidet. Die Stimmung war bei mir in diesen Tagen sehr schlecht.

Die neue Einheit, in der ich mich befand, war die Panzergrenadier-Division „Brandenburg", eine Z.b.V.-Einheit

(Zur besonderen Verwendung). Sie war mir bis dahin unbekannt. Welche Verbindung hatte sie zur Panzergrenadier-Division „Großdeutschland", zu der ich mich doch gemeldet hatte?

Im Herbst 1944 hatte sich organisatorisch etwas verändert. Die Division „Großdeutschland" wurde zu einem Armeekorps umgebildet und die Division „Brandenburg" ihm zugeteilt. Die „Brandenburger" trugen einen Ärmelstreifen mit der Aufschrift „Brandenburg", Schulterklappen mit den Buchstaben GD für „Großdeutschland" und auf dem Oberärmel einen Aufnäher mit drei Eichenblättern.

Oberärmel

Schulterklappe

Der Ärmelstreifen

Diese drei Aufnahmen sind dem Internet entnommen. Meine eigenen Originale sind bei einem Einbruch am 07. August 2015 gestohlen worden.

Wie schon erwähnt, war die Division „Brandenburg“ eine Spezialeinheit. Gerade im Russlandfeldzug gehörte es zu ihrer Aufgabe, Sondereinsätze, z.B. Überfälle und andere kriegerische Akte, im Rücken der feindlichen Front – sogar in Uniform des Gegners – durchzuführen. Durch den Verlauf des Krieges ließen die Sondereinsätze der „Brandenburger“ im Grunde nach. Als ich zu dieser Einheit kam, erhielten wir keine Sonderausbildung mehr, sondern nur militärischen Drill.

Am Samstag, dem 06. Januar 1945, fand die recht schlichte Vereidigung auf Hitler, Volk und Vaterland statt. Das Bataillon war im großen Viereck angetreten. Wir mussten den Eid nachsprechen. Ergriffen und berührt war ich nicht. Für mich war es eine formelle Sache.

Die eigentliche Ausbildung begann erst am 08. Januar 1945. Der Dienst war äußerst hart, weil die Ausbilder das Ziel hatten, uns in acht Wochen für die Front einsatzfähig zu machen. Ein Kamerad in der Nachbarstube – er war von Beruf Opernsänger – hielt die Belastung nicht aus; er wurde entlassen.

Dann kam der Tag, an dem wir zum ersten Mal alleine Ausgang hatten. Es war Sonntag, der 14. Januar 1945. Bevor wir aber die Kaserne verlassen durften, mussten wir im Flur vor unseren Stuben zum Appell in Ausgehuniform antreten. Alles wurde geprüft. Zum Beispiel das Taschentuch, die Schuhe, die Kleidung und auch, ob die Ohren sauber waren. Natürlich war bei einigen irgendetwas nicht in Ordnung. Daraufhin musste der ganze Zug wegtreten und in kurzer Zeit im Drillichanzug (das ist die Bekleidung, die beim Exerzier-, Arbeits- oder Innendienst getragen wurde) oder feldmarschmäßig (das bedeutet: ein Anzug, wie es der Einsatz an der Front verlangt, also mit Stahlhelm, Gasmaske, Seitengewehr und Gewehr mit Patronentasche) wieder antreten. Wenn das nicht schnell genug ging, wurde es einige Male wiederholt. Wegen der verschiedenen Kostümierungen nannte man das „Maskenball“. Diese Maßnahmen gingen natürlich von unserer Ausgangszeit ab. Man kann die Aktionen als Schikane ansehen, aber auch als Vorbereitung zur schnellen Einsatzfähigkeit an der Front. Mich ärgerte es immer, wenn der gesamte Zug für das Fehlverhalten Einzelner bestraft wurde.

Auf meiner Stube lagen zwei Kameraden, die aus dem Zillertal kamen und Vettern waren (namens Maier oder andere Schreibweise), ein Kamerad aus Leer und der Stubenälteste, Obergefreiter Zellner aus Wien. Dunkel entsinne ich mich an höher belegte Stuben. In einer lagen Kölner. Sie fielen durch ihre Lieder auf, die sie in ihrer Freizeit sangen. Ich hatte den Eindruck, dass ihr Verhalten nicht der nationalsozialistischen Linie entsprach. Könnten sie aus dem Milieu der Edelweißpiraten gestammt haben?

Nach sechs Wochen wollte unser Bataillons-Kommandeur, ein Major, die neuen Rekruten kennenlernen. Zu dieser Vorstellung mussten wir nackt vor ihm antreten. Er begrüßte jeden von uns mit Handschlag. Ich fand die Art der Begrüßung recht ungewöhnlich.

Wir wurden u.a. am Granatwerfer ausgebildet. Kein Gerät, das mich begeisterte. Wenn einer nicht spurte, musste die ganze Truppe dafür büßen. Dieses Verhalten der Vorgesetzten zog sich wie ein roter Faden durch die Ausbildung. Ich fand das sehr ungerecht und konnte es nie einsehen. Das Mittagessen war grausig.

Nach meinen spärlichen Aufzeichnungen machten wir am Samstag, dem 13. Januar, einen Marsch von 25 km Länge. Er dauerte von 5:00 Uhr bis 12:00 Uhr. Am Freitag, dem 9. Februar, machten wir einen 45-km-Marsch. Um 3:00 war Wecken und um 18:00 Uhr sind wir wieder in die Kaserne zurückgekehrt. Am Montag, dem 12. Februar, unternahmen wir einen kleinen Marsch. An diesem Tag habe ich notiert: „Gas“ und „Macht geht vor Recht“. Wahrscheinlich mussten wir wegen des Verhaltens eines Einzelnen als Strafmaßnahme die Gasmaske aufsetzen und darunter ein Lied singen. Dies war sehr anstrengend.

Bei den nächtlichen Luftangriffen auf Berlin mussten wir in voller Ausrüstung die Kaserne verlassen und in einem Ein-Mann-Loch auf einem Feld außerhalb der Stadt den Fliegeralarm abwarten. Ich war darüber sehr sauer.

Ein begeisterter Panzergrenadier war ich nicht. Lediglich der Ärmelstreifen „Brandenburg“, das „GD“ für „Großdeutschland“ auf den Schulterklappen und das auf dem Oberärmel der Ausgehuniform aufgenähte Abzeichen mit dem Eichenlaub machten mich ein wenig stolz. Sehr bewundert habe ich unsere reich dekorierten Ausbilder. Sie hatten manche Spezialeinsätze hinter der russischen Front ausgeführt.

Während meiner Militärdienstzeit in Brandenburg sah ich am 01. Januar 1944 im Rahmen einer geschlossenen Vorstellung für Soldaten den hervorragenden Revuefilm „Die Frau meiner Träume“ mit Marika Rökk, am 14. Januar den Film „Opfergang“ mit Kristina Söderbaum und Carl Raddatz und am 06. Februar den Film „Menschen im Varieté“. An dieser Stelle erwähne ich – abweichend von der chronologischen Reihenfolge – meine private Aufstellung über die von mir in den Jahren 1940 bis 1950 gesehenen Filme. Hiernach sah ich u.a. in Beuel 1943 den wundervollen Film „Münchhausen“ mit Ilse Werner und Hans Albers und Mitte 1944 den ausgezeichneten Film „Die Feuerzangenbowle“ mit Heinz Rühmann, Erich Ponto und Paul Henkels. Als weitere hervorragende Filme habe ich in diesem Jahr u.a. „Lache Bajazzo“, „Sieben Jahre Glück“ und „Immensee“ gesehen. Es war erstaunlich, mit welchem enormen Kraftaufwand die Ufa mit Unterstützung des Propagandaministeriums bis zum Ende des Krieges solche guten Filme produzieren konnte. Im Nachhinein betrachtet unterstützten diese und andere Filme indirekt den Glauben an den Endsieg.

Als Soldat der Wehrmacht, 1945

Das Symbol des Nationalsozialismus war das Hakenkreuz. Es war auch Teil des Hoheitszeichens der NSDAP. Das Hoheitszeichen bestand aus einem Adler mit geöffneten Flügeln, der ein von einem Eichenkranz umgebenes Hakenkreuz in seinen Fängen hielt. Dieses Symbol führte das Deutsche Reich mit Verordnung vom 05. November 1935 als Sinnbild seiner Hoheit ein. In der deutschen Wehrmacht trug jeder Soldat dieses Hoheitszeichen auf seiner Uniform.

(Beim Hoheitszeichen des Reiches war der Kopf des Adlers heraldisch nach rechts gerichtet, beim Hoheitsabzeichen der NSDAP nach links[1]).

Es sei noch bemerkt, dass während der Militärzeit die Mitgliedschaft in der Partei ruhte. Kein Soldat durfte das Parteiabzeichen an seiner Uniform tragen. Eine Ausnahme bestand nur für das Goldene Parteiabzeichen. Dieses durfte als Ehrenzeichen für die frühe Mitgliedschaft (Mitgliedsnummer unter 100.000) getragen werden.

---

[1] Quelle: Der Neue Brockhaus, 1941

Offizierslehrgang

Als Anfang März 1945 die Ausbildung abgeschlossen war, sollten alle Offiziersbewerber nach Rendsburg – das liegt zwischen der Elbmündung und Kiel – zum Offizierslehrgang kommen. Die anderen Kameraden wurden mit der Eisenbahn zur Ostfront transportiert und kamen dort zum Einsatz; wahrscheinlich zum Abwehrkampf um Berlin. Über sie habe ich nichts mehr erfahren.

Die verantwortliche Militärführung muss aber in der Zwischenzeit hinsichtlich der weiteren Verwendung der Offiziersbewerber vermutlich umdisponiert haben. Wir wurden am 13. März um 5:00 Uhr in Brandenburg verladen und fuhren mit der Bahn über Eckernförde nach Rieseby, nordwestlich von Kiel – und nicht nach Rendsburg. Von dort marschierten wir nach Vogelsang-Grünholz. Hier wurden wir in dem Saal eines Gasthauses einquartiert. Ich hatte noch meinen Koffer mit den Zivilsachen dabei. Ihn gab ich bei der Post Mitte März nach Winsen/Luhe zu meinen Verwandten auf. Er ist aber nie dort angekommen. Die nächsten Tage waren ausgefüllt mit Exerzierdienst und Geländemärschen. Der Offizierslehrgang fand nicht mehr statt.

Am 18. März wurden wir in einem Eisenbahnzug verladen, der uns in Richtung Westfront bringen sollte.

Marsch an die Front

Der Zug fuhr nur bis Ottersberg (20 km östlich vor Bremen). Hier kamen wir am 19. März an. Von dort aus mussten wir zu Fuß zur Front marschieren, die sich damals ungefähr an der deutsch-holländischen Grenze befand.

Wegen der Lufthoheit der feindlichen Jabos konnten wir uns nur nachts fortbewegen. Ungefähr 15 bis 20 km mussten wir nächtlich marschieren. Über Riede (25 km südwestlich von Ottersberg), wo wir laut meinem Taschenkalender in einem erstklassigen Quartier unterkamen, ging es über Kettenkamp und Emstek nach Löningen. Dort stießen wir auf die „Front".

Bei den nächtlichen Märschen zur Front gingen mir einige Gedanken über den Sinn des Krieges durch den Kopf. Irgendwann um diese Zeit muss ich erfahren haben, dass Bonn seit dem 10. März von den Alliierten erobert und besetzt war. Der Feind stand also schon am Rhein und damit in meiner Heimat. Bei mir fing ein Umdenken an, da die Realitäten immer deutlicher sichtbar wurden.

In dieser Situation entschwand der Glaube, das Hoffen, das Erwarten oder der Wunsch nach einer Wende des Krieges durch den Einsatz einer Wunderwaffe oder vielleicht auch durch sonst ein Wunder. Man kann es nennen, wie man will. Der Hauptgedanke war nun: Wie kann ich überleben?

Nicht ohne Absicht habe ich oben den Text von Liedern mit typischem NS-Gedankengut aufgeführt. Gegen diesen NS-Geist musste man erst einmal umdenken. Wäre die Änderung meines Bewusstseins schon früher eingetreten, hätte ich meinen Dienst im und am Staat nicht so pflichtgemäß ausgeführt.

Jene neuen Erkenntnisse müssen es gewesen sein, die mich und zwei andere Kameraden aus dem Rheinland bewogen haben, bei einem der nächtlichen Vormärsche einfach zurückzubleiben und sich von der weitermarschierenden Truppe abzusondern. Auch spielten wir mit dem Gedanken, überzulaufen oder uns überrollen zu lassen.

Wir suchten einen Bauernhof und legten uns zunächst in einer Scheune zum Schlafen nieder. Am Morgen meldeten wir uns bei der Bäuerin, die uns freundlich aufnahm und uns ein gutes Frühstück mit viel Speck und Eiern zubereitete. Sie hatte Mitleid mit uns, was wir noch zu verstärken wussten. Anschließend machten wir uns bei Tage auf den Weg, um unsere Einheit wiederzufinden.

Bei einer Auffangstelle für Versprengte meldeten wir uns, damit wir nicht als Fahnenflüchtige galten. Wir wurden zu unserem Tross (Verpflegungs- und Materialstelle der Truppe) verwiesen. Hier fanden wir die Lebensmittel vor, die wir lange vermisst hatten: Schinken, Eier, Zucker und vieles andere mehr. Einige Tage ging es uns gut.

Unsere Kameraden, die inzwischen weiter nach Westen marschiert waren, sind in Lingen auf den Feind getroffen. Nach einem „erfolgreichen“ kurzen Kampfeinsatz wurden sie zurückgedrängt und befanden sich auf dem Rückzug. Wir drei Abtrünnigen aber wurden irgendwie vom Tross aus wieder nach Westen zur Front in Marsch gesetzt.

„Frontberührung“

Am 10. April erreichten wir Löningen (25 km südwestlich von Cloppenburg). Beim Durchmarsch durch diese Stadt gerieten wir unter Artilleriebeschuss. Alles strömte zurück. Um schneller laufen zu können, warf ich meine Gasmaske weg und flüchtete auch zurück. Plötzlich überholte mich ein Kübelwagen und blieb neben mir stehen. Ein Offizier befahl mir, ihm die Panzerfaust zu übergeben, die ich kurz vorher organisiert hatte. Eigentlich wollte ich damit einen feindlichen Panzer knacken, um eine Auszeichnung zu bekommen. Nun war der Traum aus und der Offizier hatte die Möglichkeit dazu. Ob wir damals mit scharfer Munition ausgestattet waren, ist fraglich. Es gab gar nichts mehr. Alles fehlte, auch Benzin. Panzer und sonstige Fahrzeuge habe ich nicht gesehen.

Nach dieser „Frontberührung" begann auch für mich der Rückmarsch bzw. der Rückzug. Ich notierte in meinem Taschenkalender: „Alles sinnlos." Bei dieser Gelegenheit trafen wir drei unserer Kameraden von der alten Einheit wieder.

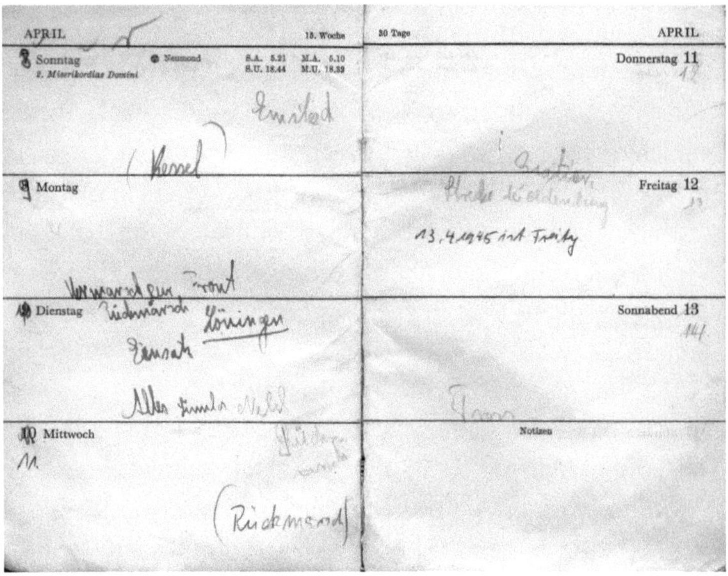

Mein Taschenkalender

Am 15. April bauten wir bei Neuenkruge eine zweite Linie auf. Drei Tage später überquerten wir auf dem Rückmarsch bei Vegesack mit der Fähre die Weser. Am 22. April habe ich notiert: „Brauel, draußen im Regen geschlafen." Es kann an diesem Ort gewesen sein, wo in meiner Nähe jemand standrechtlich erschossen wurde. Möglicherweise war es ein fahnenflüchtiger Soldat oder auch ein Fremdarbeiter. Ich habe es vermieden zuzusehen und mich in einem Bauernhaus aufgehalten. Glücklicherweise gehörte ich nicht zum Erschießungskommando.

Am 24. April notierte ich: „Feuertaufe vor Sassenholz. 1. Linie." An diese Feuertaufe erinnere ich mich überhaupt nicht mehr.

Ein älterer Kamerad – etwas weitblickender als ich – war in diesen Tagen bereit, seine 08-Pistole gegen Zigaretten zu tauschen. Ich, als Nichtraucher, war überglücklich darüber, denn eine Pistole hatte ich mir immer schon gewünscht. Als ich mit der neuen Pistole einige Probeschüsse abgab, tadelte man mich wegen der Querschläger.

Am 03. Mai musste ich mich bei der Kompanieführung melden, und der Spieß (Hauptfeldwebel) teilte mir die Beförderung zum Gefreiten mit Wirkung vom 01. Mai 1945 mit. Der Sold erhöhte sich damit. Ich dachte: Was soll das noch? Dieser Vorfall ist aber ein Beweis dafür, wie die Organisation noch bis zur letzten Stunde klappte.

Kurz nach dem Tod von Hitler am 30. April haben wir einen Tagesbefehl des neuen, von Hitler ernannten Reichskanzlers Großadmiral Dönitz – der in den ersten Maitagen in Flensburg eine neue deutsche Regierung zusammenstellte – erhalten. Dieser Tagesbefehl ist auf der folgenden Seite dokumentiert. Er drückt den damaligen „Zeitgeist" aus:

Weiterer Kampf gegen die Bolschewisten, um die Menschen vor Versklavung und Vernichtung zu „retten“, und weiterhin bedingungsloser Einsatz. – Ich konnte mir nicht vorstellen, wie Hitler an der Front gefallen sein soll.

„Der Führer ist gefallen.“
Großadmiral Dönitz:

Tagesbefehl

vom 1. oder 2. Mai 1945

an die deutsche Wehrmacht!

Als Oberster Befehlshaber der Wehrmacht richtet Großadmiral Dönitz folgenden Tagesbefehl an die deutsche Wehrmacht:

Deutsche Wehrmacht! Meine Kameraden!

Der Führer ist gefallen. Getreu seiner großen Idee, die Völker Europas vor dem Bolschewismus zu bewahren, hat er sein Leben eingesetzt und den Heldentod gefunden. Mit ihm ist einer der größten Helden deutscher Geschichte dahingegangen. In stolzer Ehrfurcht und Trauer senken wir vor ihm die Fahnen. Der Führer hat mich zu seinem Nachfolger als Staatsoberhaupt und als Oberster Befehlshaber der Wehrmacht bestimmt. Ich übernehme den Oberbefehl über alle Teile der deutschen Wehrmacht mit dem Willen, den Kampf gegen die Bolschewisten solange fortzusetzen, bis die kämpfende Truppe und bis die Hunderttausende von Familien des deutschen Ostraumes vor der Versklavung oder Vernichtung gerettet sind. Gegen Engländer und Amerikaner muß ich den Kampf soweit und solange fortsetzen, wie sie mich in der Durchführung des Kampfes gegen die Bolschewisten hindern. Die Lage erfordert von Euch, die Ihr schon so große geschichtliche Taten vollbracht habt, und die Ihr jetzt das Ende des Krieges herbeisehnt, weiteren bedingungslosen Einsatz. Ich verlange Disziplin und Gehorsam. Nur durch vorbehaltlose Ausführung meiner Befehle werden Chaos und Untergang vermieden. Ein Feigling und Verräter ist, wer sich gerade jetzt seiner Pflicht entzieht und damit deutschen Frauen und Kindern Tod oder Versklavung bringt. Der dem Führer von Euch geleistete Treueid gilt nunmehr für jeden einzelnen von Euch ohne weiteres mir als dem vom Führer eingesetzten Nachfolger. Deutsche Soldaten! Tut Eure Pflicht! Es gilt das Leben unseres Volkes!

Dönitz,
Großadmiral

01. oder 02. Mai 1945

Am 04. Mai machten wir noch einen Stellungswechsel nach Kirchwistedt (auf halber Strecke zwischen Bremervörde und Bremerhaven). Hier erlebten wir das Kriegsende.

Wir waren ein bunt zusammengewürfelter Haufen. Einige trugen den Ärmelstreifen „Brandenburg“, andere „Großdeutschland“. Letztere kamen von einer Adolf-Hitler-Schule. Einer davon trug das Eiserne Kreuz zweiter Klasse (EK II). Er erzählte stolz, wie er in Lingen einen englischen Panzer geknackt habe. Er habe der Besatzung zugerufen: „Hands up“. Das muss geschehen sein, als ich mich mit zwei Kameraden von meiner Einheit abgesetzt hatte. Bedauerte ich das jetzt? Der Zwiespalt war typisch für mich und uns.

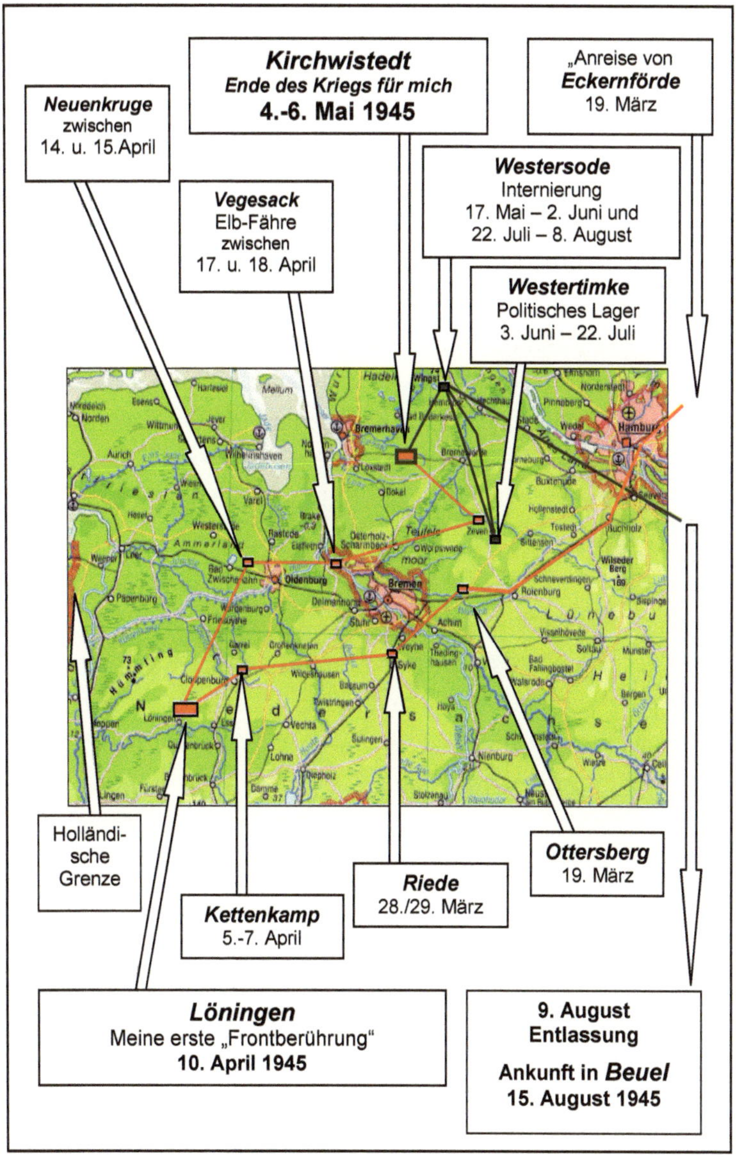
Kirchwistedt
Ende des Kriegs für mich
4.-6. Mai 1945
„Anreise von
Eckernförde
19. März
Neuenkruge
zwischen
14. u. 15.April
Westersode
Internierung
17. Mai – 2. Juni und
22. Juli – 8. August
Vegesack
Elb-Fähre
zwischen
17. u. 18. April
Westertimke
Politisches Lager
3. Juni – 22. Juli
Holländische Grenze
Ottersberg
19. März
Riede
28./29. März
Kettenkamp
5.-7. April
Löningen
Meine erste „Frontberührung“
10. April 1945
9. August
Entlassung
Ankunft in Beuel
15. August 1945

Kriegsende und Konfrontation mit der Wahrheit

Meine Notizen und Erinnerungen lauteten:

1945

04. Mai	Kirchwistedt, Waffenruhe ab 22:00 Uhr
05. Mai	ab 8:00 Uhr Waffenruhe für die Nordwestarmee. Kapitulation der Westfront. Für uns ist der Krieg aus. Tief erschüttert.
06. Mai	Ansprache des Bataillons-Kommandeurs. Waffenabgabe. Ich musste meine schöne Pistole abgeben, machte sie vorher aber unbrauchbar.
07. Mai	Ansprache des Regiments-Kommandeurs. Wir sahen die ersten englischen Panzer.
08. Mai	Victory Day in England
09. Mai	Ende des Krieges
10. Mai	Arbeitsdienst bei den Engländern. Es waren die Sherwood-Rangers. Ein Panzer trug den Namen Marsa Matruk, benannt nach dem Ort der Schlacht vom November 1942 (Niederlage von Rommel in Nordafrika). Der Arbeitseinsatz dauerte bis zum 14. Mai 1945.

Was werden die Feinde mit uns machen?

In diesen Tagen ging mir der Gedanke durch den Kopf: Was werden die Feinde mit uns machen? Wie wird ihre Rache aussehen? Die Niederlage wurde mir erst jetzt richtig bewusst.

Am ersten Tag des Arbeitseinsatzes hielt uns ein englischer Soldat die „Daily Mail“ vor Augen. Die erste Seite zeigte ein großes Bild mit ausgemergelten Menschen und Leichen. Der Engländer sagte sinngemäß: „Das habt ihr getan!“ Ich antwortete spontan: „That's not true!“ (Das ist nicht wahr!). Ich weiß nicht mehr, ob er uns noch weiter aufgeklärt hat. Überzeugen konnte er uns nicht. Ich konnte damals nicht glauben, dass unser Staat und unsere Wehrmacht Unrecht getan oder zugelassen hätten. Kurz: Wir hielten unseren Staat für einen Staat, in dem das Recht regierte. In den folgenden Monaten erwies sich das Bild in der „Daily Mail" auch mir als entsetzliche Wahrheit. Es war wahrscheinlich bei der Befreiung des Konzentrationslagers Bergen-Belsen durch die Engländer aufgenommen worden. Das ganze Ausmaß der vom NS-Staat begangenen Gräueltaten wurde dann Stück für Stück bekannt.

Während des Arbeitseinsatzes nahm mich ein englischer Soldat, der mich Harry nannte, in seinem Auto mit, um irgendetwas zu besorgen. Ich fuhr zum ersten Mal in einem Auto mit einer Geschwindigkeit von 80 km/h.

Am 16. Mai wurde unsere Einheit nach Westersode (auf halber Strecke zwischen Hamburg und Cuxhaven gelegen) verlegt (Entfernung ca. 35 km). Auch dort blieb die bisherige deutsche Befehlsgewalt und Organisation bestehen. Wir waren nicht individuell Gefangene, sondern als Armee interniert.

In Westersode kamen wir am 17. Mai an und wurden in der Scheune eines kleinen Bauern untergebracht. Im Notizbuch habe ich an fast jedem Tag „Arbeitsdienst" notiert. Aber ich kann mich an die Art der Arbeit nicht mehr entsinnen.

Aufenthalt in einem speziellen Gefangenenlager vom 03. Juni bis 22. Juli 1945

Während einige Kameraden schon nach Hause entlassen wurden, befahlen die Engländer, dass alle Soldaten der

Division „Brandenburg“ in einem Gefangenenlager zusammengezogen werden. Am 03. Juni transportierten uns die Briten mit einem Lkw zum P.o.W.-Camp Milag Westertimke (20 km südwestlich von Zeven), das vor der Kapitulation schon der Wehrmacht als Kriegsgefangenenlager gedient hatte. Als wir nicht schnell genug vom Lkw heruntersprangen, schlugen die Engländer mit Gewehrkolben auf uns ein. Auf den Wachtürmen des Lagers befanden sich Maschinengewehre in Bereitschaft und Scheinwerfer.

Zu den Lagerinsassen gehörten NS-Funktionäre, Offiziere und sonstige politisch oder militärisch verdächtige Personen. Ein Gauleiter – Erich Koch – befand sich auch unter uns. Irgendwer machte mich auf ihn aufmerksam. Jeden Morgen mussten wir zum umständlichen und langwierigen Zählappell antreten. Die englischen Offiziere liefen mit ihren Stöckchen herum. Während des Lageraufenthaltes machte ich die Bekanntschaft mit Wanzen. Läuse hatten wir bereits. Die Verpflegung war recht knapp. Ihre genaue Verteilung unter den ca. 20 Stubenkameraden war eine Staatsaktion; alle Augen der Stube schauten zu. Man stand vor der Frage: Sofort alles aufessen oder aufbewahren? Letzteres mit der Gefahr, dass der Rest geklaut werden könnte.

Am 09. Juni erfolgte endlich die Vernehmung durch gut deutsch sprechende englische Offiziere. Sie fragten uns, wie die Ausbildung in Brandenburg abgelaufen wäre, welche Sprachen wir gelernt haben, ob wir Englisch gehabt hätten. – Wie sich herausstellte, ging es um die Frage, ob wir etwas mit dem Angriff auf einen englischen Militärstab hinter der Front in den Niederlanden durch deutsche Soldaten – möglicherweise in englischen Uniformen – zu tun gehabt haben könnten. Für derartige Spezialeinsätze war die Z.b.V.-Division „Brandenburg" besonders in Russland bekannt. Wir jungen Leute konnten nicht viel aussagen und unsere Unschuld war offensichtlich.

Um dem Lagerkoller vorzubeugen, organisierte die Lagerselbstverwaltung unter aktiver Beteiligung der Mithäftlinge ein Mitmach-Programm. Fast jeden Tag wurden Vorträge und Lehrveranstaltungen angeboten. Lehrer z.B. gaben Unterricht in Deutsch, Französisch, Latein, Mathematik und anderen Fächern. Ein Bienenzüchter z.B. hielt einen Vortrag über Bienen. Auch eine Theatergemeinschaft hatte sich gebildet, die uns am 08. Juli eine tolle Theateraufführung geboten hat. Sie fand auch bei den Engländern großen Anklang. Nach sieben Wochen wurden wir „Brandenburger" am 22. Juli 1945 entlassen und wieder zu unserer Einheit nach Westersode gebracht. Meine Lager-Nr. lautete: 3307. Nun war ich wieder in „Freiheit". Als erstes kochte ich mir draußen im Hof auf einer offenen Feuerstelle einige Tage Milchsuppe.

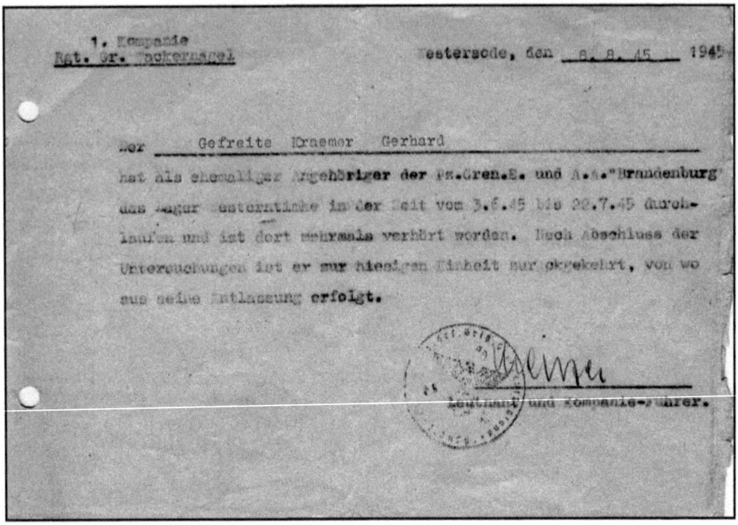

1. Kompanie
Rgt. Gr. Wackernagel Westersode, den 8. 8. 45 1945

Der Gefreite Kraemer Gerhard

hat als ehemaliger Angehöriger der Pz.Gren.E. und A.A."Brandenburg" das Lager Westerntimke in der Zeit vom 3.6.45 bis 22.7.45 durchlaufen und ist dort mehrmals verhört worden. Nach Abschluss der Untersuchungen ist er zur hiesigen Einheit zurückgekehrt, von wo aus seine Entlassung erfolgt.

Leutnant und Kompanie-Führer.

Bescheinigung vom 8. August 1945 über meinen Lageraufenthalt
Stempelschrift – soweit lesbar:
Ers[atz]. Brig[ade]. Großdeutschland – 1. Insp[ektion]

Leseabschrift

1. Kompanie
Rgt. Gr. Wackernagel Westersode, den 8.8.45 1945

Der Gefreite Kraemer Gerhard

hat als ehemaliger Angehöriger der Pz.Gren.E. und A.A. „Brandenburg“ das Lager Westerntimke in der Zeit vom 3.6.45 bis 22.7.45 durchlaufen und ist dort mehrmals verhört worden. Nach Abschluss der Untersuchung ist er zur hiesigen Einheit zurückgekehrt, von wo aus seine Entlassung erfolgt.

Siegel [Unterschrift]

Leutnant und Kompanie-Führer

Entlassung

Die Internierung unserer Einheit bestand weiter fort. Am 06. und 07. August musste ich als „Gefreiter vom Dienst" in der Schreibstube der Kompanie tätig sein. Hier wurden die Entlassungen in die Heimat vorbereitet. Sie erfolgten nach Berufsgruppen. Als erste konnten Bergarbeiter, Landarbeiter, Bauarbeiter, Handwerker usw. entlassen werden. Studenten und Schüler standen an letzter Stelle. Für die Kameraden aus Berlin, der sowjetisch besetzten Zone und aus den ehemals deutschen Ostgebieten gab es Probleme.

Um schneller aus der Internierung entlassen zu werden, bezeichnete ich mich gegenüber meiner Einheit als technischen Hilfsarbeiter; so konnte ich am 08. August von meiner Truppe Abschied nehmen. Später, am 13. August, gab ich gegenüber der offiziellen Besatzungsbehörde meine wahre Beschäftigung an (s.S. 224). Mein Kompanie-Führer hatte mir schon am 31. Juli einen Auszug aus der Kriegsstammrolle gefertigt. Hiernach habe ich den Abwehrkampf zwischen Rhein und Elbe mitgemacht.

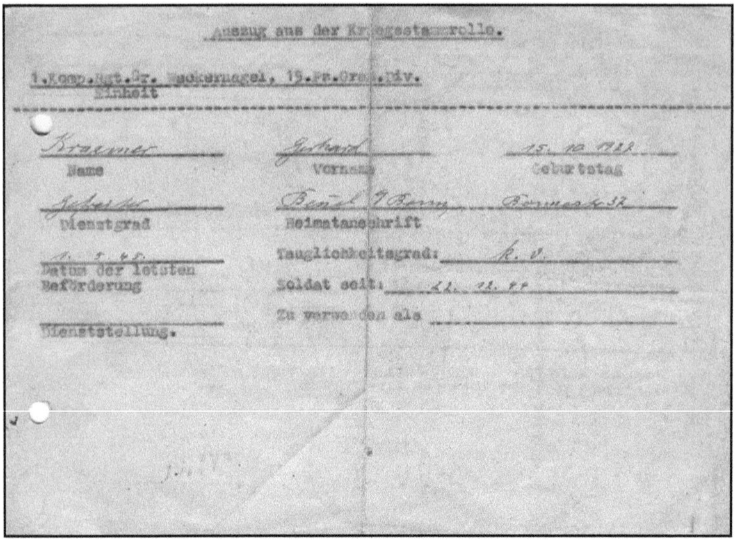

Auszug aus der Kriegsstammrolle.

1.Komp.Rgt.Gr. Wackernagel, 19.Pz.Gren.Div.
Einheit

Kraemer — Name
Gerhard — Vorname
15. 10. 192[illegible] — Geburtstag

Gefreiter — Dienstgrad
[illegible] — Heimatanschrift

1. 5. 45. — Datum der letzten Beförderung
Tauglichkeitsgrad: k. v.
Soldat seit: 22. 12. 44
Zu verwenden als
Dienststellung.

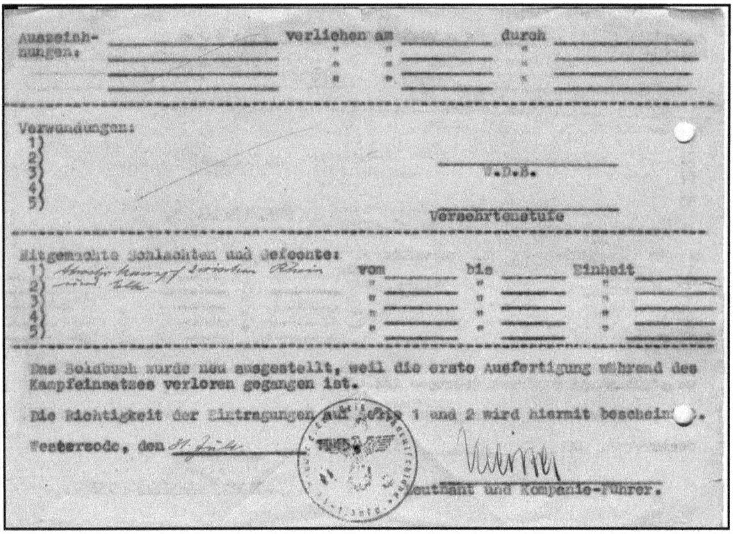

Auszeichnungen: verliehen am durch

Verwundungen:
1)
2)
3)
4)
5)

W.D.B.

Versehrtenstufe

Mitgemachte Schlachten und Gefechte:
1) Abwehrkampf zwischen Rhein vom bis Einheit
2) und Elbe
3)
4)
5)

Das Soldbuch wurde neu ausgestellt, weil die erste Ausfertigung während des Kampfeinsatzes verloren gegangen ist.

Die Richtigkeit der Eintragungen auf Seite 1 und 2 wird hiermit bescheinigt.

Westerrede, den 31. Juli

Leutnant und Kompanie-Führer.

Mitgemachte Schlachten und Gefechte:
Abwehrkampf zwischen Rhein und Elbe.

Wie aus den Bescheinigungen hervorgeht, „bestand“ unsere Einheit noch im August 1945. Wann sie endgültig aufgelöst worden ist, ist mir nicht bekannt. – Der Dienststempel zeigt das Hoheitszeichen des „Dritten Reichs“. Um den Stempel weiter benutzen zu können, musste auf Anordnung der Alliierten das Hakenkreuz entfernt werden.

Am 09. August, dem Geburtstag meiner Mutter, erfolgte der Transport zum Entlassungslager. Für den 11. und 12. August steht bei mir im Kalender „Vorlesungen“. Ich habe keine Erinnerung daran. Ich vermute, dass wir hier von „Demokraten“ auf das neue Leben in der „Freiheit“ vorbereitet wurden.
Am 13. August erhielten wir nach einer ärztlichen Untersuchung eine Essensration und endlich den Entlassungsschein aus dem „Heer“. Dieser Schein ist hier dokumentiert.

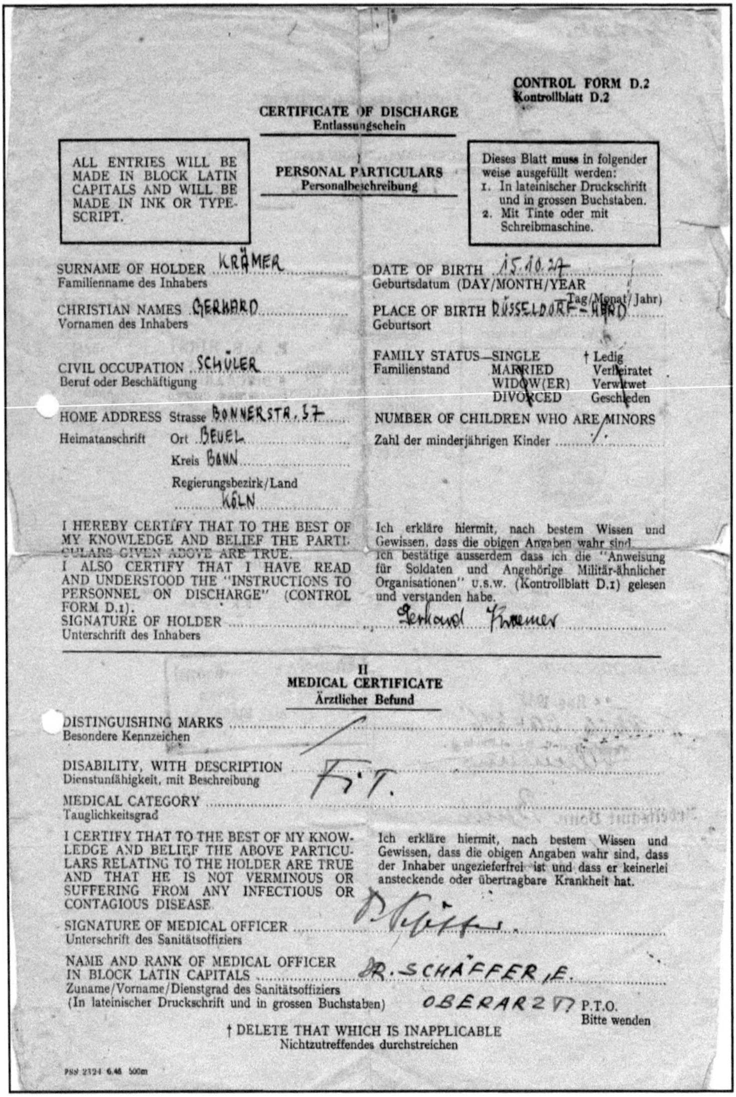

CONTROL FORM D.2
Kontrollblatt D.2

CERTIFICATE OF DISCHARGE
Entlassungsschein

ALL ENTRIES WILL BE MADE IN BLOCK LATIN CAPITALS AND WILL BE MADE IN INK OR TYPESCRIPT.

I
PERSONAL PARTICULARS
Personalbeschreibung

Dieses Blatt muss in folgender weise ausgefüllt werden:
1. In lateinischer Druckschrift und in grossen Buchstaben.
2. Mit Tinte oder mit Schreibmaschine.

SURNAME OF HOLDER ... KRÄMER
Familienname des Inhabers

DATE OF BIRTH ... 15.10.27
Geburtsdatum (DAY/MONTH/YEAR Tag/Monat/Jahr)

CHRISTIAN NAMES ... GERHARD
Vornamen des Inhabers

PLACE OF BIRTH ... DÜSSELDORF-[illegible]
Geburtsort

CIVIL OCCUPATION ... SCHÜLER
Beruf oder Beschäftigung

FAMILY STATUS—SINGLE † Ledig
Familienstand MARRIED Verheiratet
WIDOW(ER) Verwitwet
DIVORCED Geschieden

HOME ADDRESS Strasse ... BONNERSTR. 57
Heimatanschrift Ort ... BEUEL
Kreis ... BONN
Regierungsbezirk/Land
... KÖLN

NUMBER OF CHILDREN WHO ARE MINORS
Zahl der minderjährigen Kinder ... /

I HEREBY CERTIFY THAT TO THE BEST OF MY KNOWLEDGE AND BELIEF THE PARTICULARS GIVEN ABOVE ARE TRUE.
I ALSO CERTIFY THAT I HAVE READ AND UNDERSTOOD THE "INSTRUCTIONS TO PERSONNEL ON DISCHARGE" (CONTROL FORM D.1).

Ich erkläre hiermit, nach bestem Wissen und Gewissen, dass die obigen Angaben wahr sind. Ich bestätige ausserdem dass ich die "Anweisung für Soldaten und Angehörige Militär-ähnlicher Organisationen" u.s.w. (Kontrollblatt D.1) gelesen und verstanden habe.

SIGNATURE OF HOLDER ... Gerhard Kraemer
Unterschrift des Inhabers

II
MEDICAL CERTIFICATE
Ärztlicher Befund

DISTINGUISHING MARKS ... /
Besondere Kennzeichen

DISABILITY, WITH DESCRIPTION ...
Dienstunfähigkeit, mit Beschreibung

MEDICAL CATEGORY ... FIT.
Tauglichkeitsgrad

I CERTIFY THAT TO THE BEST OF MY KNOWLEDGE AND BELIEF THE ABOVE PARTICULARS RELATING TO THE HOLDER ARE TRUE AND THAT HE IS NOT VERMINOUS OR SUFFERING FROM ANY INFECTIOUS OR CONTAGIOUS DISEASE.

Ich erkläre hiermit, nach bestem Wissen und Gewissen, dass die obigen Angaben wahr sind, dass der Inhaber ungezieferfrei ist und dass er keinerlei ansteckende oder übertragbare Krankheit hat.

SIGNATURE OF MEDICAL OFFICER ... [signature]
Unterschrift des Sanitätsoffiziers

NAME AND RANK OF MEDICAL OFFICER IN BLOCK LATIN CAPITALS ... DR. SCHÄFFER, E.
Zuname/Vorname/Dienstgrad des Sanitätsoffiziers
(In lateinischer Druckschrift und in grossen Buchstaben) OBERARZT

P.T.O.
Bitte wenden

† DELETE THAT WHICH IS INAPPLICABLE
Nichtzutreffendes durchstreichen

PSS 2124 6.46 500m

Es handelt sich um die Entlassung aus Kriegsgefangenschaft und zugleich um die Entlassung aus der deutschen Wehrmacht.

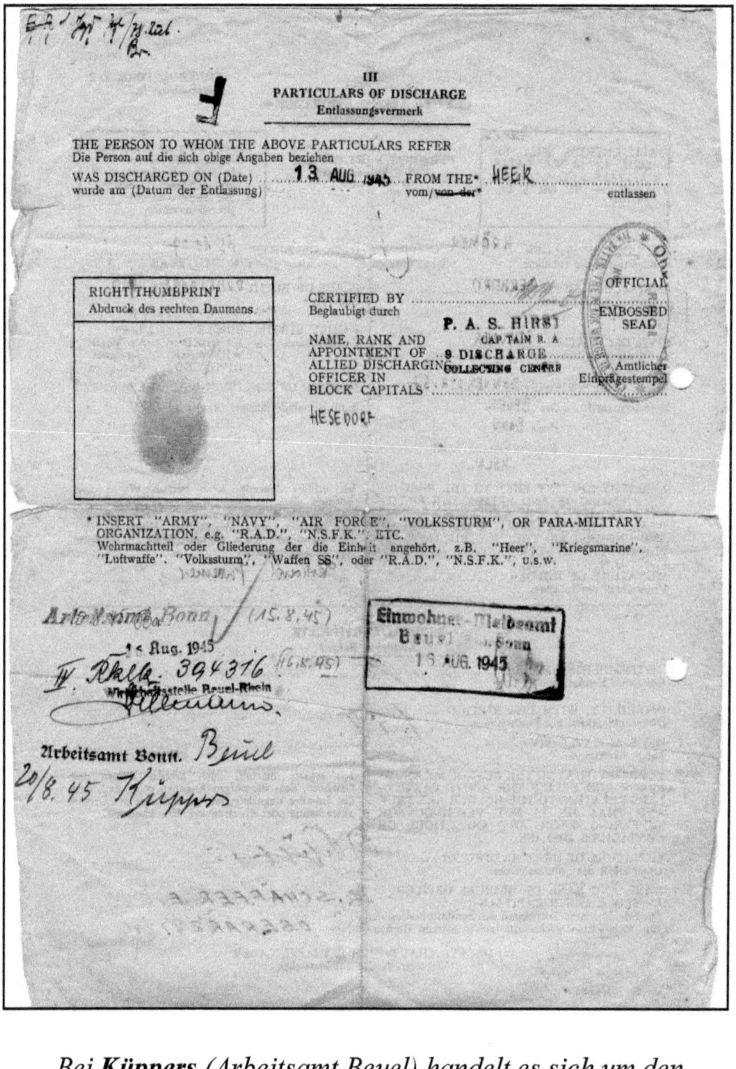

III
PARTICULARS OF DISCHARGE
Entlassungsvermerk

THE PERSON TO WHOM THE ABOVE PARTICULARS REFER
Die Person auf die sich obige Angaben beziehen
WAS DISCHARGED ON (Date) 13 AUG 1945 FROM THE* HEER
wurde am (Datum der Entlassung) vom/von der* entlassen

RIGHT THUMBPRINT
Abdruck des rechten Daumens

CERTIFIED BY
Beglaubigt durch
NAME, RANK AND APPOINTMENT OF ALLIED DISCHARGING OFFICER IN BLOCK CAPITALS
P. A. S. HIRST
CAPTAIN R. A
9 DISCHARGE COLLECTING CENTRE
HESEDORF

OFFICIAL EMBOSSED SEAL
Amtlicher Einprägestempel

* INSERT "ARMY", "NAVY", "AIR FORCE", "VOLKSSTURM", OR PARA-MILITARY ORGANIZATION, e.g. "R.A.D.", "N.S.F.K.", ETC.
Wehrmachtteil oder Gliederung der die Einheit angehört, z.B. "Heer", "Kriegsmarine", "Luftwaffe", "Volkssturm", "Waffen SS", oder "R.A.D.", "N.S.F.K.", u.s.w.

Arbeitsamt Bonn (15.8.45)
Aug. 1945
IV. Rkla. 394316 (16.8.45)
Wirtschaftsstelle Beuel-Rhein

Einwohner-Meldeamt
Beuel Bonn
16 AUG. 1945

Arbeitsamt Bonn. Beuel
20/8.45 Küppers

*Bei **Küppers** (Arbeitsamt Beuel) handelt es sich um den Vorsitzenden der SPD-Beuel vor 1933 und den „heimlichen“ Vorsitzenden zwischen 1933 und 1945.*
***Gerhard Küppers** und seine Familie waren bis 1945 Wohnungsnachbarn der Familie **Erna Kraemer** und **Gerd** im Haus Bonner Straße 37 in Beuel.*

Rückkehr nach Beuel

Über Osnabrück – erste Nacht – und Weeze – zweite Nacht – lieferten uns die Engländer am 15. August gegen Mittag in Bonn auf dem Hofgarten ab. Der Transport erfolgte wieder mit LKW. Hier standen Schilder mit den Stadtteilen bzw. Wohnorten. Geschlossen mussten wir zum Arbeitsamt auf den Kaiser-Karl-Ring gehen und uns dort registrieren lassen. Erst danach waren wir wirklich frei. Ich ging alleine zur Fähre, um mich nach Beuel übersetzen zu lassen. Alles zu Fuß! Dort sah ich die alte Brücke zerstört im Wasser liegen. An der Fähre traf ich als ersten Bekannten zufällig Herrn Küppers, unseren Hausmitbewohner, der dann als Mitarbeiter des Arbeitsamtes Bonn-Beuel am 20. August 1945 seine Unterschrift auf meinen Entlassungsschein gesetzt hat.

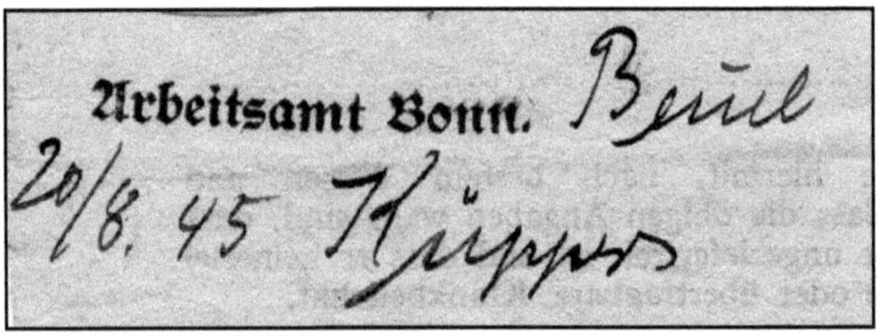
Arbeitsamt Bonn. Beuel
20/8. 45 Küppers

Ich habe über ihn oben schon ausführlich gesprochen. Als heimkehrender Soldat brauchte ich mich nicht in die lange Warteschlange einreihen und konnte somit schnell übersetzen. Ich war glücklich, meine Heimat wiederzusehen, auch wenn die Stadt sehr zerstört war. Die damaligen Gefühle kann man heute gar nicht mehr beschreiben!

Meine Mutter war ebenfalls glücklich, mich wiederzusehen. Sie hatte mit Tante Meta, Onkel Gerhard und ihrer Nichte Grete im März 1945 mit den sich zurückziehenden deutschen Truppen Beuel verlassen und im Harz bis zum Kriegsende ausgeharrt. Die treibende Kraft soll Grete gewesen sein. Meine Familie hat wohl auch noch an einen Sieg geglaubt, sonst wären sie nicht geflohen. Das Kriegsende erlebten sie im ruhigen Clausthal-Zellerfeld. Sobald die Züge wieder fuhren, kehrten sie nach Beuel zurück. Inzwischen waren aber ihre Wohnungen mit Ausgebombten belegt worden. Meine Mutter musste sich mit einem Zimmer und Küchenbenutzung zufriedengeben. Ich musste daher in der ersten Zeit bei Bekannten auf der Couch im Wohnzimmer übernachten.

Meine Mutter meinte es gut mit mir und bereitete mir ein gutes und fettes Essen mit Corned Beef zu. Das war nichts für meinen ausgehungerten Magen und ich musste mich gleich übergeben.

Am 15. Oktober 1945 wurde ich 18 Jahre alt.

Vielleicht kann man diese NS-Jugendzeit so zusammenfassen: Wir spielten Soldat und waren stolz, von unseren Vorgesetzten ernst genommen worden zu sein.

„Dort sah ich die alte Brücke zerstört im Wasser liegen. ...

... und konnte somit schnell übersetzen.“

Die Fähre über den Rhein 1945 – Blick von Beuel aus.

Fotos: (oben) Ennen, Edith und Höroldt, Dietrich: Vom Römerkastell zur Bundeshauptstadt. Bonn: Stollfuss Verlag, 3. Aufl. 1976, Seite, Foto 115. – (unten) Bothien, Horst-Pierre, Stang Erhard: Bonn im Bombenhagel 18. Oktober 1944. Gudensberg-Gleichen: Wartberg Verlag 2004, Seite 14.

Beuel Rheinaustraße 88 – 80
1945

Diese Häuser im Jahr 2020

IX. Nachkriegszeit

Einige besondere Erinnerungen

Bei Kriegsende war ich 17 Jahre alt. Ich habe damals – wie wohl der ganz überwiegende Teil der deutschen Bevölkerung – den 08. Mai 1945 als Tag der Niederlage empfunden. Wir hatten den Krieg verloren. Unsere Feinde hatten gesiegt und unser Land besetzt. Wir rechneten mit dem Schlimmsten. – Für Menschen, die gegen Hitler waren, war es allerdings ein Tag der Befreiung. Für die meisten Menschen war es einfach ein Ende der Angst vor Bomben werfenden Flugzeugen, feuernden Kanonen und Panzern. Besonders für Flüchtlinge und Vertriebene war das Kriegsende eine Katastrophe.

Die Schwierigkeiten der Nachkriegszeit begannen. Alles war im Umbruch. In gewisser Hinsicht vermisste ich die „Fürsorge" der alten Einrichtungen und Organisationen. Der Schwarzhandel blühte. Jeder versuchte sich durchzuschlagen. In der Stadtverwaltung wurden alle NS-Belasteten, also die Parteiangehörigen, entlassen. An ihre Stelle traten Personen, die in der NS-Zeit verfolgt bzw. nicht belastet waren. Ein Beispiel dafür wird in meinem oben dokumentierten Entlassungsschein sichtbar. Dort unterzeichnete Gerhard Küppers – bis 1933 SPD-Vorsitzender in Beuel – für das Arbeitsamt Bonn-Beuel. Da diese „neuen" Leute die Verwaltung nicht alleine fortführen und wieder in Gang bringen konnten, mussten einige Zeit später nach und nach ehemalige Angestellte und Beamte, wenn sie nicht zu sehr belastet waren, wiedereingestellt werden.

Viele Häuser, Stadtteile, Brücken und Industrieanlagen waren zerstört. Die wirtschaftliche Lage wurde immer schlechter. Die Kohlenzüge fuhren ins Ausland, vor allem nach Frankreich. Wenn sie anhielten, klauten Anwohner die Kohlen von den Zügen. Der Kölner Kardinal Frings hatte Verständnis für diese Art Diebstahl. Der Ausdruck „fringsen" für Stehlen ohne Schuldbewusstsein, weil es ums Überleben ging, entstand.

Die öffentliche Gewalt lag bei der Militärregierung. Deutschland wurde in vier Besatzungszonen aufgeteilt: die amerikanische, britische, französische und sowjetische Besatzungszone. Aufgrund einer Verordnung der Militärregierung wurden die Entnazifizierungsverfahren eingeleitet.

Die Westalliierten begannen, ein demokratisches System aufzubauen. Zuerst wurden die Sozialdemokratische und die Kommunistische Partei wieder zugelassen, dann die katholische Zentrumspartei. Auch bildete sich im Dezember 1945 eine neue Partei: die CDU – die Christlich-Demokratische Union. Die Gründer waren vorwiegend ehemalige Zentrumsleute, die eine rein katholische Partei nicht mehr für zeitgemäß ansahen, und Persönlichkeiten, die vor 1933 den christlichen oder liberalen Gewerkschaften angehört hatten. Auch evangelische Christen sollten in dieser Partei ihre Heimat finden.

Nun begannen auch die Auseinandersetzungen mit den Untaten des NS-Regimes. Nach der Niederlage am 08. Mai 1945 war einerseits das Ansehen der Offiziere und der NS-Funktionäre nicht mehr groß. Sie wurden im Volk als die Schuldigen und Verantwortlichen für die Niederlage angesehen. Andererseits musste derjenige, der die NS-Zeit kritisch beurteilte, damit rechnen, als Nestbeschmutzer bezeichnet zu werden. – Ich erinnere mich an einen Besuch eines ehemaligen Offiziers und Kriegskameraden meines im Krieg umgekommenen Vetters Friedel. Der Mann besuchte meine Tante Meta, die Mutter von Friedel. Der Besuch fand in der Zeit statt, als die Nürnberger Kriegsverbrecherprozesse begannen, also im November 1945.

Er meinte, es sei „Siegerjustiz“, was sich in Nürnberg abspielte. Ich konnte mich damals nicht seiner Meinung anschließen. Denn als ich nach dem 08. Mai 1945 von der systematischen Vernichtung der Juden und anderer Menschen erfuhr und mir auch die lügenhafte Propaganda der Nationalsozialisten bewusst wurde, änderte sich meine Einstellung zum NS-Regime radikal. Ich empfand die Bestrafung der verantwortlichen Persönlichkeiten gerecht.

Zu den weiteren Problemen der ersten Nachkriegszeit gehörte die Aufnahme und Eingliederung der geflüchteten und vertriebenen Menschen aus den Ostgebieten, die Deutschland an die Sowjetunion, Polen und die Tschechoslowakei abtreten bzw. zurückgeben musste (Ost- und Westpreußen, Pommern, Schlesien und Sudetenland).

Im Jahre 1948 kam die Währungsreform. Danach ging es spürbar aufwärts. Im Jahre 1949 wurde der 1. Bundestag gewählt und die erste Bundesregierung bildete sich. Zum ersten Bundeskanzler wurde der frühere Zentrumsmann und damalige CDU-Vorsitzende Konrad Adenauer, der 1933 von den Nationalsozialisten als Oberbürgermeister von Köln entlassen und in Pension geschickt worden war, gewählt. Der SPD-Kandidat für das Kanzleramt, Kurt Schumacher, der in der NS-Zeit im Konzentrationslager gefangen war, erhielt nicht die erforderliche Mehrheit.

Mein Onkel Gerhard war vor Kriegsende ein überzeugter, idealistischer Nationalsozialist. Er hatte keinen Posten in der Partei und keinen besonderen Dienstgrad in der SA gehabt. Nach dem Krieg wurde er Rentner.

Meine Mutter kam zunächst nicht wieder in den Postdienst. Für sie begann ein langwieriges Entnazifizierungsverfahren. Ausweislich ihrer Entnazifizierungsunterlagen wurde sie in Gruppe IV = Mitläufer eingestuft. Es gab fünf Kategorien:

I Hauptschuldige
II Schuldige
III Minderbelastete
IV Mitläufer
V Entlastete

Die Wiedereinstellung meiner Mutter erfolgte erst am 25. Juli 1949 beim Fernsprechamt Siegburg als Angestellte und ab 01. Oktober 1950 wieder als Postassistentin. Sie starb am 02. Oktober 1986 im Alter von 90 Jahren. Sie hat alles für mich getan.

Im Herbst 1945 waren die Zeiten noch sehr im Umbruch. Auch beruflich. Wie sollte es weitergehen? Mein Berufswunsch war die gehobene Laufbahn im Telegrafendienst bei der Post gewesen. Aber die entsprechende Ausbildung gab es nach dem Krieg bei dieser Behörde nicht mehr. Ich begann eine Elektrolehre in einem kleinen Betrieb in Bonn-Endenich. Nach vier Wochen – noch in der Probezeit – brach ich diese Ausbildung ab, weil mir die Berufsaussichten damals nicht verlockend vorkamen.

Nach Wiedereröffnung der Ernst-Kalkuhl-Oberschule Ende 1945 habe ich sie dann bis zum Abitur im Jahre 1950 weiter besucht. Es war und ist bis heute eine Privatschule. Der Direktor und Eigentümer der Schule, der Mitglied der NSDAP gewesen war, konnte wahrscheinlich im „Dritten Reich“ die Schule weiterführen, weil er über gute Beziehungen zur Partei verfügte. Nach dem Krieg übernahm ein „unbelasteter“ Lehrer das Amt des Direktors. Der frühere Direktor fungierte nur noch als Leiter des Internates und „einfacher“ Lehrer. Andere Lehrer, die Parteigenossen waren, kamen nach meiner Erinnerung nicht an die Schule zurück.

Ich kann mich nicht erinnern, dass während meiner Oberschulzeit von 1939 bis 1943 die Geschichte des Nationalsozialismus selbst Gegenstand des Unterrichts gewesen wäre. Weder in Geschichte noch in anderen Fächern ist dieses Thema behandelt worden. Vermutlich lag es an den Lehrern, die sich fast alle im Pensionsalter befanden. Sie sind nämlich bei Kriegsbeginn wieder eingestellt worden, weil die jüngeren Lehrer zum Militär eingezogen wurden.

Ich entsinne mich, dass ich die Behandlung spezifischer NS-Themen im Unterricht vermisst habe. Jedoch gab es an der Schule auch einen Lehrer, der SA-Sturmführer war. Bei ihm habe ich in dieser Zeit keinen Unterricht gehabt. Es kann sein, dass seine Schüler andere Erinnerungen haben könnten als ich.

Nach dem Abitur habe ich die gehobene Laufbahn bei der gesetzlichen Unfallversicherung (Berufsgenossenschaft) eingeschlagen.

Meine Abkehr vom Nationalsozialismus drückt sich u.a. in der Tatsache aus, dass ich bereits bei der ersten Wahl nach dem Krieg SPD gewählt habe. In der Abiturzeitung steht über mich, ich sei ein Salon-Kommunist und lese Lenins Memoiren.

Meine Verwandten in Beuel wählten nach dem Krieg CDU.

So wie ich mich 1948 und 1949 für die Arbeit des Parlamentarischen Rates und die Gründung der Bundesrepublik interessierte, galt mein Interesse auch dem Judentum. Ich besuchte an einem Samstag in dieser Zeit den kleinen Synagogenraum im Hause von Siegfried Leopold in der Quantiusstraße hinter dem Bonner Hauptbahnhof. Nach Siegfried Leopold ist die Straße benannt, an der die Beueler Synagoge einst stand. Ich erinnere mich an eine Diskussion der anwesenden Männer, ob ein Gottesdienst überhaupt stattfinden kann. Man erklärte mir, dass zum Gemeindegottesdienst mindestens zehn männliche Juden anwesend sein müssten. Da diese Zahl an diesem Samstag nicht erreicht worden ist, fand kein Gottesdienst statt. Ich war natürlich enttäuscht.

Später bin ich in die Gesellschaft für christlich-jüdische Zusammenarbeit eingetreten.

Wie schwer die psychologische Verarbeitung der NS-Zeit auch noch Jahre nach dem Krieg war, zeigt die Erinnerung von folgendem Vorfall: In einer familiären Diskussion mit Angehörigen der älteren Generation Anfang der sechziger Jahre kam sogar mir die Behauptung „Hitler war ein Verbrecher“ schwer über die Lippen. Warum? Ich war 1936 bis 1944 ein Hitlerjunge und habe unzählige Male mit „Heil Hitler“ gegrüßt. Das hat innerlich Eindrücke hinterlassen. Die Loslösung von Hitler war schwierig und – wie vieles – ein Prozess. Mein Ausspruch rief unter den Anwesenden eine heftige Reaktion hervor. – Im „Dritten Reich“ hätte dieser Satz für einen das Todesurteil bedeutet!

Dass die Person Hitler so lange noch außen vor war, lag auch daran, dass er als „Lichtgestalt“ im „Dritten Reich“ verehrt wurde und es während des Krieges keine Informationen über die Verbrechen gab. Es dauerte lange, bis die meisten davon überzeugt waren, dass Hitler der Hauptschuldige war.

Meine Thesen zur Beurteilung der NS-Zeit

Im „Dritten Reich“ bzw. im NS-Regime ist unter Hitler das deutsche Volk bis zu einer bestimmten Zeit zu einer sogenannten „Volksgemeinschaft“ zusammengewachsen. Die erklärten Gegner sonderte man aus. Die restlichen Gegner von Hitler wurden, wenn sie innerlich bei ihrer Ansicht geblieben sind und sich „ruhig“ verhalten haben, von einem großen Teil der Bevölkerung als Außenseiter angesehen.

Die Juden, die eine Minderheit waren (1933 ca. 500.000), galten als „unerwünschte“ Personen. Für die einen hatten sie die falsche Religion, für die anderen waren sie aus „rassistischen“ Gesichtspunkten keine Deutschen und gehörten deshalb nicht zur „Volksgemeinschaft“. Erstere sahen den Diskriminierungen und Misshandlungen der Juden tatenlos zu. Die anderen waren der Ansicht, die Juden müssten aus dem „Lebensraum“ der Deutschen verschwinden. Fanatische und fundamentalistische Angehörige des Nationalsozialismus waren sogar zur physischen Ausrottung der Juden, Zigeuner und anderen, die sie rassistisch als menschlich minderwertig einstuften, bereit. Sie waren die echten „willigen Helfer“ Adolf Hitlers.

Ich bin davon überzeugt, dass Adolf Hitler von der Bevölkerung als eine unangreifbare Persönlichkeit gesehen wurde. Man konnte und durfte ihm weder politisch noch persönlich kritisch gegenübertreten. Er stand nicht nur außerhalb jeder Kritik. Er galt vielmehr als Vorbild für das „Gute". Und wenn „Schlechtes" geschah, gab es den gängigen Spruch: „Wenn das der Führer wüsste!"

Hohes Ansehen genossen auch andere Angehörige der NS-Führerschicht. Aber es gab durchaus auch einige Personen, die als „Bonzen" angesehen wurden. Das gereichte dem Nationalsozialismus jedoch nicht zum Nachteil. Vielmehr war die allgemeine Meinung der Mehrheit, dass diese Leute keine richtigen Nationalsozialisten seien.

Während die überwiegende Mehrheit der deutschen Bevölkerung dem Nationalsozialismus positiv gegenüberstand, gab es auch nicht wenige Menschen, die sich dem NS-Geist verweigert haben und sich nicht in seine Untaten und Verbrechen haben verstricken lassen.

Meine Thesen zum Problem des Widerstandes

Angesichts der wachsenden wirtschaftlichen und politischen Erfolge des NS-Regimes und angesichts der ausgedehnten Überwachung der gesamten Bevölkerung war Widerstand von denen, die dem Nationalsozialismus kritisch oder gegnerisch gegenüberstanden, nur sehr schwer möglich. Wer mit der NS-Politik nicht einverstanden war und versuchte, Widerstand zu leisten, befand sich in der Gesellschaft im Abseits und lebte in der Gefahr, angezeigt, inhaftiert und verurteilt zu werden. In vielen Fällen wurden Todesurteile gefällt. Alle Widerstandsbewegungen wurden niedergeschlagen. Die größte Gruppe unter den Opfern waren die Kommunisten.

Nach der Kriegswende 1941/1942 – das wissen wir heute – nahm die Zahl der Menschen zu, die mit der weiteren Kriegführung Hitlers nicht mehr einverstanden waren. Die Situation war in dieser und der dann kommenden Zeit so, dass die weitere Kriegführung Hitlers nur durch Kräfte aus der Wehrmacht – vornehmlich Heer – beendet werden konnte. Menschen mit unterschiedlichen politischen Überzeugungen fanden sich zum Widerstand gegen Hitler zusammen. Er erreichte seinen Gipfel in dem Attentat vom 20. Juli 1944. Aber auch diese Aktion war „erfolglos“ und wurde niedergeschlagen. Danach waren keine Kräfte zur Ausschaltung von Hitler mehr vorhanden. Erst der totale Sieg der Alliierten beendete das NS-Regime.

Meine Thesen zur Schuldfrage

In vielen Veröffentlichungen wurde die schwierige Frage der Schuld aus allen denkbaren Sichtweisen untersucht und behandelt. Die Vielfältigkeit des Schuldbegriffes ist mir durchaus bewusst. Eine besondere Stellung nimmt die Frage der Schuld an der systematischen Vernichtung der deutschen und europäischen Juden und anderer Menschen ein. Man bezeichnet sie seit einigen Jahren mit den Begriffen „Holocaust“ bzw. „Shoa“.

Der tödliche Hass des NS-Regimes traf besonders die Juden im Inland und in den von der Wehrmacht eroberten europäischen Ländern. Im Kriegsgeschehen von 1941 an – also im Kampf gegen die Sowjetunion – wurden Millionen Menschen vorsätzlich umgebracht. Die systematische Tötung dieser Menschen wurde geheimgehalten und nicht propagiert wie Siege über Gegner und Feinde.

Seit Jahrzehnten wird die NS-Zeit mit Begriffen bzw. Namen wie Wannsee-Konferenz, Dachau, Buchenwald, Sachsenhausen, Treblinka, Majdanek, Birkenau, Auschwitz, Holocaust, Shoa u.a.m. identifiziert. Diese Namen waren vor dem 08. Mai 1945 in Deutschland nicht allgemein bekannt. Diese Vernichtungsaktionen waren die Folge der Rassenideologie, des Rassenwahns und des Rassenhasses des von Hitler verkündeten Nationalsozialismus. Das Ausmaß der Tötungen und des Vernichtungswillens des Regimes und seiner willigen Helfer und Vollstrecker wurde der Allgemeinheit erst allmählich durch Aufdeckung der Taten nach dem Krieg bekannt. –

Viele Deutsche folgten der Ostpolitik des NS-Regimes und glaubten, mit dem Überfall auf Polen am 01. September 1939 kein Unrecht begangen zu haben. Nachdem sich der Kriegsverlauf gewendet und Deutschland den Krieg verloren hatte, sahen sich viele in mancher Hinsicht als „Opfer“ an.

Meine Erkenntnisse

Die perfide Politik des von Hitler verkündeten „Nationalsozialismus“ erweckte bei vielen Menschen den Eindruck, dass Begriffe wie Wahrheit, Gerechtigkeit und Frieden darin wesentliche Bedeutung haben. Im Grunde waren diese Werte für Hitler und viele seiner fanatischen Anhänger nur propagandistisch benutzte Floskeln und kein Maßstab. Andererseits hat Hitler es verstanden, Anhänger um sich zu scharen und später auch heranzuziehen, die ihm und seiner Ideologie treu ergeben waren, sogar bis in den Tod.

Die NS-Ideologie oder richtiger gesagt der Hitlerismus wirkte in einer schwierigen geschichtlichen Phase wie eine gefährliche Droge. Nicht umsonst haben die Alliierten 1945 die Vernichtung aller NS-Schriften und -Symbole gefordert, und sie sind auch heute noch „tabu".

Das „Phänomen" Adolf Hitler ist wegen seiner Vielschichtigkeit schwer zu erklären: Man kann Hitler als ein positiv-negatives Genie ansehen. Für die einen war er wie ein Gott, für die anderen das absolut Böse. Vielleicht kann man auch sagen, Adolf Hitler muss die bisher in der Weltgeschichte perfekteste Inkarnation von Gott und Teufel gewesen sein. Sebastian Haffner kommt in seinen „Anmerkungen zu Hitler" auf S. 157 zu einer ähnlichen Ansicht, wenn er schreibt: Hitler war für die Deutschen ein Wunder - ein „Gottgesandter". Er kam erst eine Weile vom Himmel hoch und nachher aus den tiefsten Schlünden der Hölle.

Allem zum Trotz war Hitler ein Mensch und seine Anhänger – wie auch seine mit ihm in Berührung gekommenen Zeitgenossen – Menschen.

Das „Dritte Reich" sollte für die Zukunft eine „Lehrstunde" der Geschichte sein.

Ich habe mich bemüht, die NS-Zeit aus damaliger Sicht zu schildern. Dazu gehört auch das Eingeständnis, dass Hitler für mich ein Vorbild war, dem man nacheifern wollte. Wir trugen nicht umsonst den Namen „Hitlerjunge". Heute denkt man anders und ist klüger.

X. Anhänge

Anhang zu Kapitel II (Seite 15)

Rheinwerk MEISENBURG & SASS, G.M.B.H.

VERZINKEREI, EISENKONSTRUKTION
BLECHWARENFABRIK M/B

DRAHTANSCHRIFT:
RHEINWERK DÜSSELDORF
AUTOGENE SCHWEISSEREI

WAGGONSENDUNGEN: STATION NEUSS-VORBAHNHOF
STÜCKGUTSENDUNGEN: STATION DÜSSELDORF-HEERDT
BANK-CONTO: DEUTSCHE BANK UND DISCONTO-GESELLSCHAFT, FILIALE DÜSSELDORF
POSTSCHECK-CONTO: CÖLN NR. 6378
FERNSPRECHANSCHLÜSSE: DÜSSELDORF NR. 51651 51652

5c

Frau

Hermann K r a e m e r,

Düsseldorf-Heerdt

Wiesenstrasse 32

DÜSSELDORF-HEERDT, den 16.September 1933

Sehr geehrte Frau Kraemer !

Tief erschüttert hat uns der jähe Tod Ihres guten Gatten und des treusorgenden, liebenden Vaters Ihres Sohnes.

Wir sprechen Ihnen zu dem unersetzlichen Verluste, den Sie erlitten haben, unsere innigste, aufrichtigste Teilnahme aus.

Es ist ein ganz besonders schwerer Schicksalsschlag, der Sie betroffen hat, und kann in Ihrer schweren Lage nur die Zeit ein Tröster sein.

Ihr Gatte hat jahrelang in unseren Diensten gestanden und haben wir ihn während dieser Zeit stets als einen treuen, zuverlässigen Mitarbeiter schätzen gelernt. Wir werden ihm ein dauerndes Andenken bewahren.

Wir bitten Sie, beifolgenden Kranz an dem Sarge des Entschlafenen niederlegen zu wollen.

Mit stillem Gruss

Rheinwerk
Meisenburg & Sass G.m.b.H.

Anhang zu Kapitel II (Seite 15)

WAGGONSENDUNGEN: STATION NEUSS-VORBAHNHOF
STÜCKGUTSENDUNGEN: STATION DÜSSELDORF-HEERDT
BANK-KONTO: DEUTSCHE BANK UND DISCONTO-GESELLSCHAFT, FILIALE DÜSSELDORF
POSTSCHECK-KONTO: KÖLN NR. 6378
FERNSPRECHANSCHLÜSSE: DÜSSELDORF Nr. 51651, 51652.

Rheinwerk MEISENBURG & SASS, G.M.B.H

VERZINKEREI, EISENKONSTRUKTION
BLECHWARENFABRIK

DRAHTANSCHRIFT:
RHEINWERK DÜSSELDORF
AUTOGENE SCHWEISSEREI

1/G.

Z e u g n i s
=============
für Frau Erna Kraemer,
aus Düsseldorf.

DÜSSELDORF-HEERDT, den 23. Mai 35.

Auf Wunsch bestätigen wir hierdurch, daß Frau Erna Kraemer, vom 3. April 1933 bis 30. April 1935 bei uns als Putzfrau beschäftigt war.

Wir waren mit ihren Leistungen zufrieden, und hat sie sich bemüht, die ihr übertragenen Arbeiten wunschgemäß auszuführen.

Rheinwerk
Meisenburg & Sass G.m.b.H.

Anhang zu Kapitel IV (Seite 56)

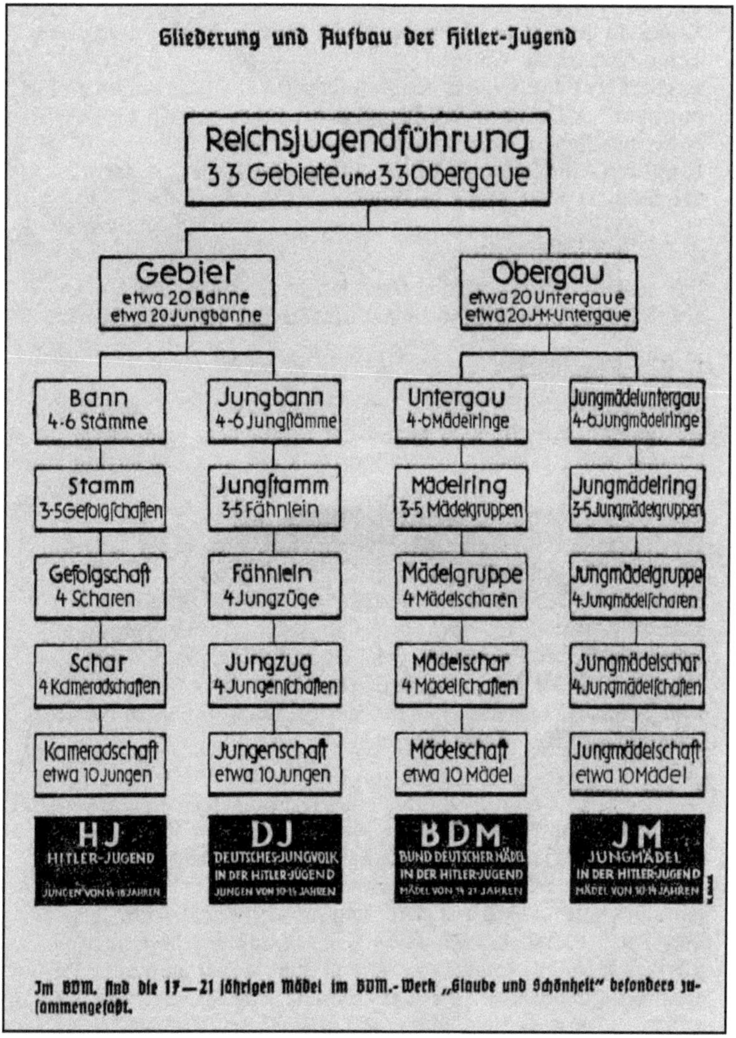

Quelle: Dienstvorschrift der Hitlerjugend Vorschrift über den Jungvolkdienst. Vom 1.7.1938, herausgegeben von der Reichsjugendführung, Seite 47.

Anhang zu Kapitel IV (Seite 69)
Textauswahl von Pflicht- und sonstigen Liedern

- ☐ Deutschland, heiliges Wort, du voll Unendlichkeit: Über die Zeiten fort seist du gebenedeit.
- ☐ Heilig Vaterland! In Gefahren deine Söhne sich um dich scharen. Von Gefahr umringt, alle stehen wir Hand in Hand. Bei den Sternen steht, was wir schwören. Der die Sterne lenkt, wird uns hören. Eh der Fremde dir deine Kronen raubt, fallen wir Haupt bei Haupt. Heilig Vaterland, heb zur Stunde kühn dein Angesicht in die Runde. Sieh uns all entbrannt, Sohn bei Söhnen stehn. Du sollst bleiben, Land, wir vergehn. (1914)
- ☐ Nur der Freiheit gehört unser Leben, Freiheit ist das Feuer, ist der helle Schein, solang sie noch lodert, ist die Welt nicht klein. Dass die Heimat den Frieden soll finden, suchen wir nach dem Feind, keiner soll seine Garben hier binden, der es falsch mit uns meint. (von Hans Baumann 1936)
- ☐ Auf hebt unsere Fahnen in den frischen Morgenwind, laßt sie wehn und mahnen die, die müßig sind. Wo Mauern fallen, baun sich andre vor uns auf, doch sie weichen alle unserm Siegeslauf.
- ☐ In den Ostwind hebt die Fahnen, denn im Ostwind stehn sie gut, dann befehlen sie zum Aufbruch, und den Ruf hört unser Blut. Denn ein Land gibt uns die Antwort, und das trägt ein deutsch Gesicht, dafür haben viel geblutet, und drum schweigt der Boden nicht. In den Ostwind hebt die Fahnen, laßt sie neue Straßen gehen, laßt sie neue Straßen ziehen, daß sie alte Heimat sehn. In den Ostwind hebt die Fahnen, daß sie wehn zu neuer

Fahrt. Macht euch stark! Wer baut im Osten, dem wird keine Not erspart. In den Ostwind hebt die Fahnen, denn der Ostwind macht sie weit - drüben geht es an ein Bauen, das ist größer als die Zeit. (von Hans Baumann)

- ☐ Nun wird zu eng das weite Land, der Boden zu hart. Dort steht der Morgen wie ein Brand zu guter Fahrt. Nach Ostland fährt der Wind! Drum Weib und Kind und Knecht und Gesind auf die Wagen und auf die Pferde. Wir hungern nach frischer Erde und spüren den guten Wind. Die fremde Wildnis schreckt uns nicht mit Falsch und Trug, wir geben ihr ein deutsch Gesicht mit Schwert und Pflug.
- ☐ Nichts kann uns rauben Liebe und Glauben zu unserem Land; es zu erhalten und zu gestalten, sind wir gesandt. Mögen wir sterben, unseren Erben gilt dann die Pflicht: Es zu erhalten und zu gestalten: Deutschland stirbt nicht.
- ☐ Erde schafft das Neue, Erde nimmt das Alte. Glaube schafft das Neue, Glaube tilgt das Alte. Wille schafft das Neue, Wille zwingt das Alte, deutscher heiliger Wille immer jung uns halte; himmlische Gnade uns den Führer gab, wir geloben ihm die Treue bis ins Grab. Wir Jungen schreiten gläubig der Sonne zugewandt, und wie ein neuer Frühling, ins deutsche Land.
- ☐ Nun laßt die Fahnen fliegen in das große Morgenrot, das uns zu neuen Siegen leuchtet oder brennt zum Tod. Denn mögen wir auch fallen - wie ein Dom steht unser Staat. Ein Volk hat hundert Ernten und geht hundertmal zur Saat. Deutschland, sieh uns, wir weihen dir den Tod als kleinste Tat, grüßt er einst unsre Reihen, werden wir die große Saat. (von Hans Baumann)

- ☐ Wo wir stehen, steht die Treue, unser Schritt ist ihr Befehl, wir marschieren nach der Fahne, so marschieren wir nicht fehl. Wenn wir stürmen, singt die Treue, und ihr Singen zündet an, und wir glühen wie die Fahne, daß ihr jeder folgen kann. (von Hans Baumann)
- ☐ Es pfeift von allen Dächern: für heut die Arbeit aus, es ruhen die Maschinen, wir gehen müd nach Haus. Daheim ist Not und Elend, das ist der Arbeit Lohn. Geduld, verratne Brüder, schon wanket Judas Thron.
- ☐ Ein junges Volk steht auf zum Sturm bereit! Reißt die Fahnen höher, Kameraden! Wir fühlen nahen unsere Zeit, die Zeit der jungen Soldaten. Vor uns marschieren mit sturmzerfetzten Fahnen die toten Helden der jungen Nation, und über uns die Heldenahnen. Deutschland, Vaterland, wir kommen schon! Wir sind nicht Bürger, Bauern, Arbeitsmann, haut die Schranken doch zusammen, Kameraden, uns weht nur eine Fahne voran, die Fahne der jungen Soldaten. Und welcher Feind auch kommt mit Macht und List, seid nur ewig treu, ihr Kameraden! Der Herrgott, der im Himmel ist, liebt die Treue und die jungen Soldaten.
- ☐ Sieg in der Not, da zeigt euern Mut, wer zaudert, der ist schon verloren, Gott ist der Kampf und der Kampf unser Blut, denn darum sind wir geboren.
- ☐ Was fragt ihr dumm, was fragt ihr klein, warum wir wohl marschieren! Setzt nicht vergebens Mühe drein, ihr werdets doch nicht spüren. Denn nach dem Teufel fragen wir nicht, und unser Herrgott zürnt uns nicht, daß wir wollen Freie sein. Der Bauer, der gefällt uns gut, noch besser der Soldat! Wer immer Pflicht und Arbeit tut, ist unser Kamerad. Wer aber mit Gewalt und List,

Betrug und falschem Schein nicht besser als der Teufel ist, soll auch des Teufels sein.

- ☐ Es dröhnt der Marsch der Kolonne, der Tambour schlägt das Fell. Es leuchtet vor uns die Sonne, sie leuchtet so klar und so hell, und keiner ist da, der feige verzagt, der müde nach dem Weg uns fragt, den uns der Trommler schlägt.
- ☐ Lasset im Winde die Fahnen wehn, ihr lieben Kameraden, alle müssen zur Fahne stehn, wenn wir zu Felde traben. Vorwärts den Schritt und vorwärts den Blick, für uns gibt's nimmermehr ein Zurück. Also ruft die neue Zeit, Kameraden, seid bereit. Haltet die Wache zu jeder Zeit, ihr lieben Kameraden; denn der Feind steht schon bereit, listig arg zu schaden. Immer wollen wir Wächter sein, darum ruft in deutsches Land hinein: Fahnen flattern stolz im Wind, wo wir Kameraden sind.
- ☐ Laßt doch der Jugend ihren Lauf. Hübsche Mädel wachsen immer wieder auf.
- ☐ Wir heben unsre Hände aus tiefster, bittrer Not. Herr Gott, den Führer sende, der unseren Kummer wende mit mächtigem Gebot. Erwecke uns den Helden, den seines Volks erbarm; des Volks, das nachtbeladen, verkauft ist und verraten in unsrer Feinde Arm.
- ☐ Mit Gott für Recht, mein Vaterland, nimm wieder Schild und Schwert zur Hand! Erhebe dich im Frühlingskleid zu nie geahnter Herrlichkeit! Dein Ruf soll durch die Lande gehen: Deutschland, du sollst auferstehn!
- ☐ An Rhein und Ruhr marschieren wir. Für Adolf Hitler kämpfen wir! Die rote Front, brecht sie entzwei! HJ. marschiert - Achtung - die Straße frei! Und ist der

Kampf auch noch so schwer, wir wanken, weichen nimmermehr. Wir fordern Freiheit, Recht und Brot; für Deutschlands Zukunft gehn wir in den Tod.

- ☐ Auf, Sturmsoldaten, jung und alt, nehmt die Waffen in die Hand, denn der Jude hauset fürchterlich im deutschen Vaterland. Einhundertzehn Patronen in der Tasch', scharf geladen das Gewehr. Und die Handgranate in der Hand, Bolschewiki, komm mal her.
- ☐ Brüder, in eins nun die Hände! Brüder das Sterben verlacht! Ewig der Sklaverei ein Ende! Heilig die letzte Schlacht! Brecht das Joch der Tyrannen, die euch so endlos gequält! Schwenkt die Hakenkreuzfahne über den Arbeiterstaat.
- ☐ So leb denn wohl, Hitlergardist, der du ein Freiheitskämpfer bist! Und sollten wir nicht siegreich sein, so lebt denn wohl, ihr deutschen Eichen! Vom Schlachtfeld kehren wir nicht heim, vom Feind, da wollen wir nicht weichen! Um deutsche Erde kämpfen wir, für Adolf Hitler sterben wir!
- ☐ Entrollt die Fahnen, blutgetränkt, zum Himmel laßt die Feuer lohen; ein Feigling, wer an sich noch denkt, wo rings der Heimat Feinde drohen. Wir weichen vor dem Feinde nie, ja nie, des Hitlers fünfte Kompagnie. Wo Feigheit wallten und Verrat, erdröhnen unsre Kampfeslieder; da schreiten wir zur frischen Tat, der deutschen Freiheit letzte Hüter. Für Deutschlands Größe allezeit, ja Zeit, sind wir zu sterben stets bereit. Und naht dereinst der Rachetag, und ruft der Führer uns zum Kriege, dann führen wir aus Not und Schmach das Hakenkreuz von Sieg zu Siege. Dann ziehen wir beim Morgenrot, ja rot, für Hitlers Fahne in den Tod.

- ☐ Es dröhnen Trommeln durch das Land, die Trommeln der HJ. Die Fahne weht in unsrer Hand, die Fahne ist das Vaterland, ihr Feind muß aufs Schafott! HJ marschiert! Wir glauben fest an unser Los. Heil, Adolf Hitler, dir! Und gibt man uns den Todesstoß, wir machen dennoch Deutschland groß, wir Kameraden, wir! Als Hitlerjungen schlug man tot die Besten der Nation! Wir sind das letzte Aufgebot und tragen Fahnen blutig rot für Deutschlands größten Sohn! (von Baldur v. Schirach)
- ☐ Wir kennen keine Klassen, nur Deutsche, treu geschart. Der Weltfeind, den wir hassen, ist nicht von deutscher Art. Wir sind die Hitlerjugend und wollen euch befrein, wir stehn mit unserem jungen Blut für Volk und Heimat ein.
- ☐ Daheim ist Not und Elend, das ist der Arbeit Lohn. Geduld, verratende Brüder! Schon wanket Judas Thron. Das Hakenkreuz muß siegen, vom Freiheitslied umloht. Es kämpfen deutsche Männer für eine neue Zeit. Wir woll'n nicht ruh'n noch rasten, bis Deutschland ist befreit.
- ☐ Rollt nun die blutig roten Fahnen auf! Kameraden zu den Waffen!
- ☐ So stehn die Sturmkolonnen zum Rassenkampf bereit! Erst wenn die Juden bluten, erst dann sind wir befreit. Kein Wort mehr von Verhandeln, das doch nicht helfen kann, mit unserm Adolf Hitler wir greifen mutig an. Es lebe Adolf Hitler! Hört, wir marschieren schon. Wir stürmen in dem Zeichen der deutschen Revolution. Sturm auf die Barrikaden! Der Tod besiegt uns nur! Wir sind die Sturmkolonne der Hitlerdiktatur.

- Und einmal ist zu Ende die Nacht und all die Not, dann heben wir die Hände zu unserm Herregott, und wir marschieren in langen Reihen zu vieren, der Sonne zugewandt, und wir marschieren, die Fahne in der Hand, ins freie Vaterland.
- Kämpfer fürs Dritte, fürs Großdeutsche Reich, schwinget die Schwerter zum wuchtigen Streich! Hitlers Getreue, so heißt unsre Ehr, Sturmtrupp fürs neue, fürs Braunhemdenheer.
- Kameraden, lasset uns marschieren durch Heimatgaue Seit‘ in Seit‘, wir sind des deutschen Ostens Hüter, wir sind die Kämpfer im braunen Kleid. Und weh, wenn fremder Hände Gier nach Ostlands Fluren greift, du heilig Land, dich schützen wir, bis blut'ge Ernte reift. Dann loht die Hitlerfahne als Fackel uns voran, dann wird der Sturm des Ostens zum brausenden Orkan. (Ostlandlied der SA)
- Männliche Tugend trennt uns vom Knecht, wir sind die Jugend, wir sind das Recht. Tausend marschieren, und einer führt.
- Unter der Fahne werben wir, unter der Fahne sterben wir, unter der Fahne sausendem Schein, jagen wir stolz zur Unsterblichkeit ein.
- Es gibt nichts Schöneres auf der Welt, es kann nichts Schöneres sein, als wenn Soldaten ziehn ins Feld, wenn sie beisammen sein.
- Es leben die Soldaten so recht von Gottes Gnaden.
- Wenn die Soldaten durch die Stadt marschieren, öffnen die Mädel Fenster und die Türen.
- Morgen marschieren wir in Feindesland. In unserem Herzen glüht der Freiheit Brand. Ob ich einst wieder-

kehr‘, es ist einerlei, wenn nur das Vaterland, wenn Deutschland frei! Steh ich im Norden bald und bald im Süd, aus unsern Gräbern dann die Lilie blüht. Bluten und sterben gern, wohlan, es sei! Wenn nur das Vaterland, wenn Deutschland frei!

- ☐ Und donnernd dröhnt die Artillerie. Wir (Pioniere) stehen vor der Infanterie. Granaten schlagen bei uns ein: der Franzmann will in unsre Stellung ′rein. Und droht der Feind uns noch so sehr, wir Deutsche fürchten ihn nicht mehr. Und ob er auch so stark mag sein: in unsre Stellung kommt er doch nicht ′rein.
- ☐ Als wir nach Frankreich zogen, wir waren unser drei: ein Schütze und ein Jäger und ich, der Fahnenträger der schweren Reiterei.
- ☐ Heute wollen wir ein Liedlein singen, trinken wollen wir den kühlen Wein und die Gläser sollen dazu klingen, denn es muß geschieden sein. Gib mir deine Hand, deine liebe Hand, leb wohl mein Schatz, leb wohl, denn wir fahren, denn wir fahren gegen Engeland. Unsre Flagge wehet auf dem Maste, sie verkündet unsres Reiches Macht, und wir wollen es nicht länger leiden, daß der Englischmann darüber lacht. Kommt die Kunde, daß ich gefallen bin, daß ich schlafe in der Meeresflut: weine nicht um mich, mein Schatz, und denke: für das Vaterland, da floß mein Blut. (von Hermann Löns 1914).
- ☐ Ich weiß nicht, wo der Weg verläuft, den heut, den morgen ich marschier‘; ich weiß nicht, ob der Regen träuft und ob das Jahr zu Ende schier. Ich weiß nicht, wo ich liegen soll, auf Daunen oder dumpfer Erd‘, ich weiß nur, das ich siegen soll und siegen werd‘ mit dir mein Schwert. Es sind der Straßen wohl genug in Frank-

reichs rotem Rebenland, in Welschlands weißem Alpenzug, in Rußlands schwarzem Sumpf und Sand. Es sind der Straßen wohl genug, und wären's ihrer dreimal mehr, es geht der deutsche Siegesflug auch über dreimal mehr daher. Wir fragen nicht, ob freies Feld, ob tiefe Erd' das Kampfrevier, wir kämpfen, wo wir eingestellt, und wo wir sind, da bleiben wir.

- ☐ Blonde und braune Buben passen nicht in die Stuben; Buben, die müssen sich schlagen, müssen was Tollkühnes wagen, Buben gehören ins Leben hinein; Buben sind stolz, ob sie groß oder klein. Mädel, ob blond oder braune, stecken voll List und voll Laune; Mädel, die müssen sich ducken, blinzen ganz heimlich und gucken, Mädel, die sind zum Warten bestimmt, bis so ein Bub sich ein Mädel nimmt. Trommelgedröhn und Tuben, das ist der Sang der Buben. Buben, die trotzen verwegen Sturm und Wolken und Regen; Buben verlangen nach herrischer Art sturmvogelfrei ihre fröhliche Fahrt.
- ☐ Kameraden, die Trompete ruft, heute heißt's marschieren. Morgen scheint die Sonne uns in Rußland oder Flandern.
- ☐ Nach Ostland geht unser Ritt, hoch wehet das Banner im Winde, die Rosse, sie traben geschwinde, auf, Brüder, die Kräfte gespannt: wir reiten in neues Land.
- ☐ Nach Nordland woll'n wir fahren, wohl über das baltische Meer, wo die grauen Nebel jagen über eisbedeckte Klippen her. In Deutschlands schönen Gauen, da macht sich breit viel fremde Brut, mein Herz erfaßt ein Grauen ob deren Übermut. Nach Nordland woll'n wir fahren, wohl über das baltische Meer, da kamen vor grauen Jahren unsere heldenhaften Väter her. In Deutschland aller-

orten wird viel verkannt und viel verbannt, bin fast ein Fremdling worden im eignen Vaterland.

☐ Die Welt gehört den Führenden, sie gehn der Sonne Lauf, und wir sind die Marschierenden, und keiner hält uns auf! Das Alte wankt, das Morsche fällt, wir sind der junge Sturm, wir sind der Sieg. Sprung auf! Marsch, marsch! Die Fahne auf den Turm! Der Kerl muß nicht geraten sein, den unser Lied nicht packt; ein Kerl muß bei Soldaten sein, gleich schlägt sein Herz im Takt. Holt alle hinterm Ofen vor, grad den, dem's nicht gefällt, und singt ihm unsere Strophen vor, bis er das Lied behält!

☐ Wir lieben die Stürme, die brausenden Wogen, der eiskalten Winde rauhes Gesicht. Wir sind schon der Meere so viele gezogen und dennoch sank unsere Fahne nicht. Wir treiben die Beute mit fliegenden Segeln, wir jagen sie weit auf das endlose Meer. Wir stürzen auf Deck, und wir kämpfen wie Löwen, hei, unser der Sieg, viel Feinde, viel Ehr'!

☐ Was kümmern uns die anderen, die ewig abseits stehn? Wir sind's gewohnt, beim Wandern so ganz allein zu gehn! Wir folgen unsrer Fahne, sie flattert hoch im Wind; laßt sie doch bei dem Wahne, daß wir Phantasten sind. Die Ketten sind zerrissen, die unsre Kraft gebannt. Uns treibt ein tiefes Wissen um's heilge Vaterland! Wir haben ihn gefunden, den Führer aus der Not! Wir tragen unsre Wunden als letztes Aufgebot!

☐ Reißt eure Fahnen am Mast empor, wir müssen marschieren, marschieren. Stürmt auch durch unsre Reih'n der Tod und drohen die Schwerter und blinken: solange die Fahne noch über uns loht, mag alles um uns versinken. Einer der ist, der zündet und führt, wird aber marschieren, marschieren, die Fäuste geballt und die Trommel gerührt, wir haben ein Reich zu verlieren.

☐ Willst unser Fähnrich sein, Kamerad? Mußt dir's wohl überlegen! An der Fahne klebt unser Blut, Kamerad, du trägst unser heiligstes Gut, Kamerad! Weißt nicht, wohin es geht, Kamerad? Brauchst nicht alles zu wissen. Nur, daß der Führer uns führt, Kamerad, und daß die Mannschaft marschiert, Kamerad, und daß wir kämpfen müssen. Meinst du, der Feind sei zu stark, Kamerad? Laß doch dem Herzog die Sorgen! Und hör nur auf den Klang, Kamerad, auf Trommel und Schritt und Sang, Kamerad, und den Befehl für morgen.

☐ Trommeln durchdröhnen die Lande. Wir Jungen, wir hassen die Schande. Die Schande schlagen wir tot! Und müssen auch Tausende sterben, und müssen wir alle verderben - wir folgen des Führers Gebot!

☐ Tretet an in Reih und Glied, seid der Fahne treu verschworen. Unser Schritt, der mächtig schallt, ist ein frohes neues Schreiten. Über Stadt und Dorf und Wald ist ein Wille jetzt gestellt. Wer nicht folgen kann, der fällt: unser ist die neue Welt.

☐ Wir Jungen sind alle von gleicher Art, uns hat man die Fahne gegeben. So dröhne, du Trommel, und rausche, du Tuch. Und Führer, so sollst du uns sehen; im Kampf gegen Schande und Teufel und Tod, so folgen wir Jungen des Führers Gebot, und werden ewig so stehn!

☐ Jetzt trag die Trommel vor uns her, Kamerad, und schlag das Fell. Fanfaren schmettern durch die Nacht, Kamerad, es ruft und gellt. Das schreit so laut, das mahnt die Macht, und wenn der letzte Mann erwacht, erobern wir die Welt.

- ☐ Wir sind die jungen Soldaten. Wir tragen des Führers Kleid im Streit, wir Kameraden kennen nicht Hader und Neid: Kameraden, laßt das Zagen, wie auch der Sturmwind weht. Wir woll´n die Trommel schlagen und unsere Fahnen tragen, bis unser Herz steht.
- ☐ Jungen folgen der Trommel Klang. Trommel singt immer das gleiche Lied. Immer im Schritt. Führt uns Jungen dem Sieg entgegen. Dahin, wo uns die Freiheit glüht. Kamerad komm mit.
- ☐ Schon schreitet durch die Lande der große Tag heran; drum faß die Schlägel, Trommler, und ziehe uns voran; wir wollen vorwärts stürmen, bevor der Abend naht; denn größer noch als Glaube ist unsere kühne Tat. Und wenn das große Stürmen durch alle Wälder braust, wir zwingen doch das Schicksal mit unserer jungen Faust; wir schreiten doch zur Sonne im großen Weltenbrand.
- ☐ Jetzt müssen wir marschieren, ich und mein Kamerad, in langen Reihen zu vieren, denn ich bin Soldat. Wissen wir auch nicht, wohin es geht, wenn nur die Fahne vor uns weht. Bald wird es zum Sturme blasen, auf denn, Kamerad. Es deckt schon kühler Rasen manchen jungen Soldat. Es scheint das Morgenrot. Vielleicht bin ich morgen schon tot. Wir kämpfen für Vaterlandes Ehre, ich und mein Kamerad. Gib mir heut‘ den Abschiedskuß, weil ich morgen marschieren muß.
- ☐ Verloren ist der Feldzug nicht, wenn einer desertiert. Wir halten ihm ein Strafgericht, daß er die Spieße spürt. Hart unser Schritt und hell unser Lied.
- ☐ Weißt du, Kamerad, wer mit uns geht? Dein Bruder ist der Tod. Drum sag du dem Leben dein letztes Gebet und uns dein letztes Gebot. Kamerad, zum Beten ist

jetzt nicht die Zeit, komm, reich mir deine Hand. Und sei du, wie ich, zu sterben bereit für Freiheit und Vaterland.

- Wir stehen bereit, denn die Trommel mahnt. Wir folgen der Fahne, die den Weg uns bahnt. Die Feinde sollen verderben. Der Feinde Schar tritt vor uns auf, Kameraden, sie muß vor dem Lauf und unsern Waffen sterben. Wir alle wollen Mann an Mann ein neues Reich erringen.
- Was nützt der Pfaffen Reden, damit ist nichts getan. Lern du mit Fäusten beten, vorwärts, pack an.
- \- Als Jungen wurden wir Soldaten, die niemals die Fahne verraten. Rebellen! Rebellen! haben den Tod und den Teufel zu Gesellen. Rebellen haben das Gestern vergessen, sie bauen das Morgen, vom Glauben besessen: vom Glauben ans ewige Reich. Den Schwur, den wir schwören, der soll dem Führer gehören. Wir rütteln an allen Türen, ein jeder soll Deutschland spüren. Wir werden die Berge berennen, bis überall Feuer brennen. Was ist aus uns Jungen geworden? Ein stürmender Schwerterorden. (von Hans Baumann)
- Laßt doch die Zagen und die Feigen ruhn, die lernen nimmer zu marschieren! Die wissen nichts vom Kampf, und wie weh es tut, einen treuen Kameraden zu verlieren! Wir ziehen hinein in das Morgenrot, das leuchtet so hell wie der Opfertod, der Tod unserer jungen Kameraden.
- Wenn einer von uns müde wird, der andere für ihn wacht, wenn einer von uns zweifeln will, der andere gläubig lacht. Wenn einer von uns fallen sollt‘, der an-

dere steht für zwei, denn jedem Kämpfer gibt ein Gott den Kameraden bei.

- ☐ Wir zünden die Brände und heben die Hände zur Zeitenwende und sind neue Zeit! Wir herrschen und dienen, Gebrüll der Maschinen, und hoch über ihnen unsterbliches Volk.
- ☐ Einer ist als Führer auferstanden, und er hat die Schau und das Gebot. Und wie alle sie sich zu ihm fanden, färbt ihr Blutschwur seine Fahne rot.
- ☐ Wir treten ohne Gewehre an, marschieren ohne Waffen: ein junges Heer im eignen Land! Was hat das Heer zu schaffen? Wir stehn für das Deutschland von morgen bereit, drum müssen wir heute marschieren, an unsrer Straße wartet die Zeit, sie muß unsre Trommel rühren. Und vor uns reitet der Tod im Schritt, der hat uns manchen genommen. Die Toten gehn bei der Fahne mit, sie sind zum Appell gekommen. Die Toten gehn bei der Fahne mit, solang wir weitermarschieren, die Toten haben den festen Tritt, daß wir den Schritt nicht verlieren. An unsrer Straße wartet die Zeit, sie muß unsre Trommel rühren - wir stehn für das Deutschland von morgen bereit, drum müssen wir heute marschieren. (von Hans Baumann)
- ☐ Eh daß der Bauer untreu wird, eh muß die Erd vergehen, daß er kein festen Stand mehr find‘, seinen Mann im Streit zu stehen. Eh daß der Bauer untreu wird, eh muß er selbst verderben – doch Bauerntreu und Bauerntrotz sind stärker als das Sterben. (von Hans Baumann)
- ☐ Östlich wartet neues Land. Nimm es in deine Hand! Ohne dich sind wir verlor’n. Bauer, wirf dein Samenkorn!

- ☐ Die Flamme lodert hell zum Firmament, die Macht der Finsternis hat nun ein End im Schicksalslauf der Ewigkeit. In dunkler Nacht glüht uns ein heller Brand. Wir reichen schweigend uns zum Schwur die Hand und weihen uns dem ew'gen Reich. Nun zündet allerorts den Flammenruf nach den Gesetzen, die ein Gott uns schuf im Schicksalslauf der Ewigkeit.

Anhang zu Kapitel IV (Seite 95)

Artikel aus dem Westdeutschen Beobachter
vom 17.11.1938
„Das ist Verrat am Volke
Frau Kahle und ihr Sohn halfen der Jüdin Goldstein bei Aufräumungsarbeiten

In der Nacht zum vergangenen Dienstag bemerkte ein Polizeibeamter in dem Laden der Jüdin Emilie Goldstein, Kaiserstraße 22, der bei der Kundgebung der Bevölkerung gegen das Judentum als dem Schuldigen an der Ermordung Ernst vom Raths zertrümmert worden war, Licht und die Schatten mehrerer Personen. Da der Beamte annahm, es könne sich um Einbrecher handeln, trat er in den Laden ein und stellte vier Personen, drei Frauen und einen jungen Mann, die mit Aufräumungsarbeiten beschäftigt waren. Während zwei der Frauen, die jüdische Geschäftsinhaberin und die Jüdin Josepha Herz sofort ihren Namen angaben, verweigerten die dritte Frau und der junge Mann die Angabe ihrer Personalien. Sie sage ihren Namen nicht, weil sie „keine Lust habe, im Westdeutschen Beobachter zu stehen“, und wörtlich begründete sie ihre Anwesenheit in dem Judenladen: „Ich habe der Geschäftsinhaberin geholfen, weil ich eine alte Kundin von ihr bin.“ Erst als der Beamte sie darauf aufmerksam machte, daß er sie zur Feststellung ihrer Personalien auf die Wache mitnehmen müsse, gab die Frau an, daß sie die Gattin des Professors Kahle, Kaiserstraße 61, sei. Der junge Mann war ihr Sohn, der Student Wilhelm Kahle.

Eine „alte Kundin“ der Jüdin Goldstein.

Die ehrlich und rein empfindende Bonner Bevölkerung steht sprachlos vor einer solchen Gemeinheit. Das hatte Frau Kahle befürchtet, und deshalb wollte sie nicht im Westdeutschen Beobachter genannt sein. Sie weiß, daß das nicht nur die Nennung ihres Namens in einer Zeitung ist, sondern die Veröffentlichung eines vernichtenden Urteilsspruches, den das deutsche Volk über sie und ihren Sohn fällt. Sie wußte also, wie die Bonner Bevölkerung über ihre Handlungsweise urteilen würde, sie wußte, daß sie sich nicht nur außerhalb dieser Gemeinschaft, sondern gegen sie stellte. Und sie wußte, daß sie das ganze Volk in seinem heiligsten Gefühl beleidigte und verriet. Trotzdem war sie Judenkundin.

Als der feige jüdische Mord an einem deutschen Mann, der im Ausland sein Vaterland in treuer Pflichterfüllung vertrat, bekannt wurde, erhob sich das deutsche Volk in Empörung gegen das mörderische Judentum. Diese Frau und ihr Sohn aber empörte diese auch vom gesamten anständigen Ausland verabscheute Tat nicht, sie blieben aber auch nicht nur abseits stehen, nein, sie stellten sich an die Seite der Juden und halfen ihnen, gegen ihr eigenes Volk, die Wirkung der Volksempörung abzuschwächen. Sie haben damit bewußt den größten Feind des nationalsozialistischen Deutschland mit Rat und Tat unterstützt. Sie taten das, weil sie „alte Kunden der Juden" sind. Dafür trifft sie die ganze Verachtung der deutschfühlenden Bonner Bevölkerung und die Verurteilung des ganzen deutschen Volkes.

Hat man denn vergessen ...?

Es gibt noch einen kleinen Kreis Gesinnungsgenossen vom Schlage einer Frau Kahle. Das wissen wir. Und es gibt noch einen Kreis jener, die über ihrer schwächlichen

Sentimentalität die harten Erfordernisse zur Rettung Deutschlands nicht verstehen können wollen. Es gibt noch solche, die ihr im allgemeinen vielleicht verständliches Mitleid irreführt. Es gibt sie bis in die letzten Schattierungen jener, die das Judentum als Verbrecher und Feind Deutschlands erkennen, aber - eine rücksichtslose Bestrafung als zu hart empfinden. Diese letzteren führen gerne das Wort „Menschlichkeit" im Munde und vergessen, daß es in dieser Frage nur eine wahre Menschlichkeit gibt: Die Ausrottung der Weltpest.

War das menschlich, als durch jüdische Hetze 1918 das glorreiche deutsche Heer seine siegreichen Waffen niederlegen mußte, um den schwarzen Horden wilder Kolonialtruppen den Weg zum Rhein freizugeben und ihnen die rheinischen Frauen und Mädchen als Freiwild auszuliefern?

War das menschlich, als dann im zusammengebrochenen Deutschland in- und ausländische Finanzjuden durch die Inflation die deutsche Bevölkerung ihrer Ersparnisse beraubte, um ihre ausländischen Tresors damit zu füllen?

... als infolge dieser jüdischen Geldentwertung zahllose Bonner Rentner ihre ehrlich verdienten Ersparnisse über Nacht dahinschwinden sahen, ihre Häuser als Zahlungsunfähige verlassen und das Wohlfahrtsamt um Lebensunterhalt bitten mußten?

... als hunderte Bonner Handwerker, die jahrelang gearbeitet und gespart hatten, um ihr Betriebskapital zu haben, durch jüdische Finanzgewalt über Nacht zu Bankrotteuren wurden und mit ihren Familien vor einem Nichts standen?

... als zahllose kleine und mittlere Bonner Einzelhandelsgeschäfte durch den Geldschwund und die jüdische Schmutzkonkurrenz, die verdiente, als das deutsche Geschäft verlor, Konkurs anmelden und unter Schimpf und Schande unter die Bettler gehen mußten? Wenn wir auch wissen, daß jene Kaufleute damals unschuldige Opfer jüdischer Finanzverbrechen wurden, der deutsche Kaufmannsstolz empfand das doch als Schande.

... als ein Jude - es ist nur ein Fall von vielen - unter verbrecherischer Ausnutzung der Notlage eines Bonner Volksgenossen und unter Vorspiegelung falscher Tatsachen ein riesiges Besitztum am Bonner Talweg an sich riß, so daß dem Betrogenen in seinem Elend nichts anderes blieb, als in geistiger Umnachtung zugrunde zu gehen?

... als - wir haben das auch in Bonn durchlebt - die statistisch erfaßten Selbstmordzahlen in jenen Jahren jüdischer Finanzherrschaft unter der deutschen Bevölkerung erschreckend stiegen?

War das menschlich, was die jüdischen Hetzer in Spanien fertigbrachten, was sie aus dem russischen Volk gemacht haben?

War das menschlich, als der Jude Frankfurter den Deutschen Wilhelm Gustloff und der Jude Grünspan den Deutschen vom Rath ermordete, nur weil die Ermordeten Deutsche und die Mörder Juden waren?

Ihr fragt: Was haben die einzelnen Juden, die in Bonn wohnen, getan, daß sie bestraft wurden?

Wir fragen: Was hatten unsere siegreichen Soldaten, was die geschändeten rheinischen Frauen, die beraubten Bonner Sparer, Kaufleute, Handwerker, was hatten die einzelnen deutschen Menschen, die zum Selbstmord getrieben wurden, was hatten schließlich Gustloff und vom Rath den jüdischen Finanzmagnaten, Spekulanten und Politikern, was hatten sie den Frankfurters und Grünspans getan? Jeder einzelne all dieser Tausende gehörte zum deutschen Volk und wurde deshalb vernichtet.

Was haben die einzelnen deutschen Volksgenossen, die draußen im Ausland auf deutschen Posten stehen müssen, getan, daß sie jeden Tag sich den Revolvern und Dolchen jüdischer Mordsöldlinge gegenübersehen müssen? Das Judentum fragt nicht nach Schuld oder Unschuld des einzelnen Deutschen. Es will Deutschland vernichten, dieses Deutschland, das es im Weltkrieg, in der Inflation, im Parteienhaß und auch in einem neuen beabsichtigten Weltbrand 1938 nicht zu Boden zwingen konnte. Und deshalb richtet es seine Waffe gegen jeden einzelnen deutschen Menschen, gleich, wo es ihn trifft. Habt ihr das vergessen? Wir wollen das nicht vergessen! Daran haben wir gedacht, als die Volksempörung in der vergangenen Woche sich auch gegen die Juden in Bonn richtete, und daran, daß das Leben eines Deutschen wertvoller ist als die Geschäftseinrichtungen aller Juden in Deutschland zusammengenommen."